結果を出すための 攻める検問・職務質問

元 職務質問技能指導官
宇野博幸

はじめに

私は徳島県警で四一年間、大半を地域警察官として働いてきた元警察官です。駐在所、交番、パトカー勤務を全て体験しています。そして、最終の一五年間は職務質問の指導者として若手を指導しながら、最後まで現場で働き、二〇一六年三月に退官しました。

私の警察人生で最も大きかったのは職務質問です。私の性格は何でもやってみよう型なので、職務質問も私なりに創意工夫してあれやこれやとやってきました。

この度、思いがけず、春吉書房さんから若手警察官を励まし、元気づけ、勇気づけるために職務質問を中心とした執筆をしてくれませんかとの要望があり、できるだろうかと迷いがありましたが、やってみることにしました。

主に若手警察官のために、私がやってきたあれやこれやの職務質問による検挙活動を実体験を通じてお伝えしてみます。また、警察官としての志の持ち方など、精神的な部分についても触れたいと思います。

タイトルの「結果を出すための」には二つの意味があります。犯罪者の検挙と、犯罪の防止です。

二〇一九年七月一八日、日本中を震撼させた京都アニメーション放火殺人事件が発生しました。死者は三六人、重軽傷者多数。将来を嘱望されていた若者や中心的役割を果たされていた壮実年世代の社員が無残に殺害されました。

退官している私ではありますが、思いを寄せると涙が出てきます。あの事件を防ぐことができなかったのか、悔しくてなりません。

青葉容疑者は三日間、京都アニメーションの付近でたむろし、公園のベンチで寝ていたりしていたということです。その三日間に青葉容疑者が職務質問のプロフェッショナル地域警察官と出くわしていたら、その職質プロ警察官は、間違いなく呼び止めて職務質問していたでしょう。

青葉容疑者が平日の昼間に道路を歩いている様子がテレビで放映されていましたが、職質プロ警察官が彼を発見すれば、感性で歩き方、服装、表情等で不審と感じて呼び止めて職務質問していたのは間違いない。職務質問して対話力で所持品検査していれば、彼は数本の包丁を持っていたから銃刀法違反で現行犯逮捕していた。

そうなっていれば京都アニメーションの放火殺人は事前に抑止できていた。京都府警の職務質問プロフェッショナル警察官はさぞかし悔しい思いをされていることでしょう。

昨今、京都アニメーション事件だけでなく、相模原障害者施設殺傷事件、秋葉原無差別殺傷事件等、想像もできないような通り魔殺人事件や交番が襲撃される事件が発生しています。そんな惨たらしい事件を手前で直接、抑止できるのは職務質問です。

殺人の大半は包丁、ナイフ等の凶器です。街頭の殺人事件や傷害事件を未然に防ぐには職務質問による凶器類の取締りは非常に大きい。創意工夫で何でもやってきた私の特徴の一つとして凶器類の取締りがあります。その他のやってきた手法も体験談を交えて、語らせていただきたいと思います。

若手警察官の皆さん。警察官という仕事は街の安全を守ること。すなわち、国民の命と生活を守る崇高なる仕事です。しかし、法律の壁や人間関係、様々なトラブル等で試練を抱え、やる気を失ってしまっている警察官も多くいるように思えます。
しかし、それでも何にも代えることができない崇高かつ貴重な仕事であることに誇りを持って前向きに取り組んでいただきたい。そのための一助になれば幸いです。

二〇二〇年二月

宇野博幸

はじめに

第3章　職務質問指導者以前の活動（交番勤務の重要性等）

第4章　地域警察官に言いたいこと

第5章　あるべき姿に向けて苦言、提言

第1章

職務質問指導者への道

広域自動車警ら隊小隊長回顧録

一　恩師・相良真一郎警部との出会い

全国的に西暦一九九三年ころから年々街頭犯罪の発生件数がうなぎ上りに上昇し、二〇〇〇年から二〇〇二年ころ、大都道府県も地方も街頭犯罪の発生件数がピークになり、手に負えない状況になってきました。

ちょうどそのころ、どなたかは知らないが、智慧あるキャリアの方が増加する犯罪に立ち向かうために考え出したのが、大都道府県の中で卓越した職務質問の技能と実績をもつ現場の地域警察官を十人ほど選出し、地方の県にも赴かせて講演活動を行わせたのです。

そして、二〇〇一年一一月、徳島県に講演に来られたのが大阪府警の職務質問分野の広域技能指導官であった相良真一郎警部でした。

相良警部はおそらく、職務質問日本一の方。当時、大阪府警の広域自動車警ら隊（第一方面隊）で勤務されており、一〇年間で八〇〇件に及ぶ覚せい剤等の薬物犯罪を検挙されていました。当然ながら薬物以外にも拳銃の摘発や自動車盗も多数検挙されていました。

当日、徳島県警一五警察署の地域警察官約二〇〇名が本部の講堂に集合し、相良警部の講演を聞きました。当時、徳島県南部の阿南警察署でパトカー勤務をしていた私も当然ながらその中にいました。

当時は大都府県のごく一部の職務質問プロフェッショナル警察官以外は、交通違反もしていなければ通報もない人に対して、車を止めて職務質問をする地域警察官は皆無と言えるほどでした。私も交通違反者を止める程度で、何もないところから呼び止めて職務質問などしたことがありませんでした。

そんな状況の中での相良警部の講演は衝撃的でした。最初、何でそんなことができるのかと信じられない思いになりましたが、じっくりお聞きすると、「なるほど」と思えるようになってきたのです。相良警部の職務質問は非常に高度ではありますが、要約すると、

○　遠くを見て、相手より先に不審者（車）を発見し、声をかける。

○　相手が動揺している（空白になっている）一五秒間を利用してバック等を持たせた上、パトカーに入れる。

○　車内で所持品を検査し、覚せい剤等の禁制品を発見し、薬物であれば予試験を実施し、反応があれば現行犯逮捕する。

○　所持品を検査した後、車内も確認し、凶器類を発見すれば、銃刀法違反等で検挙する。
○　禁制品は携帯していなくても、薬物中毒の症状があれば、説得の上、尿検査を実施し、反応があれば緊急逮捕する。
相良警部の講演を聞き、私はそんなやり方があったのかと衝撃を受け、自分もやってみたいとは思ったが、果たして自分にできるのか半信半疑でした。

二　以前の徳島県地域警察の実情（飲酒運転と自転車盗）

相良警部から職務質問の講義を受けた二〇〇一年九月以前の本県地域警察の検挙活動については、交通取締りと自転車盗の検挙が主な目的になっていました。

交通取締りでは主に飲酒運転の取締りが最重要で、パト係であれば一当務に一件の飲酒運転を検挙すれば、よくやったと褒められる状況でした。

また、職務質問による検挙といえば二人乗りの自転車か鍵の壊れている自転車に乗っている者を止めて、登録番号、車体番号を確認し、無線で照会する程度。

あとは事件・事故の一一〇番通報があって適切に対応するといった勤務ぶりでした。よって、一一〇番以外での検挙は飲酒運転、無免許運転を含む交通違反か自転車盗もしくは自転車の占有離脱物横領の検挙しかないといった状況でした。

①　飲酒運転取締り

私自身も、それまでは飲酒運転の検挙に力点をおいた警ら活動を行ってきました。二〇〇二年以前なら年間一〇〇件近くの飲酒運転を検挙してきました。検挙要領は夜間における自動車検問が主体でした。

自動車検問をして、運転者に対して、アルコールチェッカーに息を吹きかけてもらうか、自分の鼻でアルコール臭を嗅いで、飲酒運転者を発見して検挙していくと、私はいつの間にか自動車検問の達人になっていました。

後にこの自動車検問で多くの特別法犯の検挙につながろうとは思いもよりません。これについては後述したいと思います。

② 自転車盗の検挙活動

自転車盗の検挙は、二人乗りや鍵の壊れている自転車に乗っている人を止め、防犯登録番号、車体番号を照合してヒットするか所有者が異なる場合に追及して検挙する方法もあれば、ある自転車盗検挙のプロと呼ばれた方が編み出した方法は、コンピューターで過去二年くらいの盗品自転車の登録番号、車体番号を打ち出して手のひらサイズの手帳（盗品番号表）を作り、制服の上にジャンパーを羽織って私服になり、盗品票を持ってパチンコ店、ゲームセンター、カラオケ店等の駐輪場に駐輪している自転車の登録番号、車体番号を確認してゆき、番号が合致すれば照会センターに被害確認をして、間違いなければ張り込みをして検挙するといった手法でした。

多くのやる気のある地域警察官はこの自転車盗検挙要領を習い、実践して自転車盗の検挙につなげていきました。しかし、この検挙要領も限界を迎え、新たな手法が必要となってきたのです。

三　恩師・相良警部の講演を受けてからの職務質問

大阪府警の相良警部の講演を受けてから、飲酒運転の取締りを主体とした警らだけではなく、所持品検査を伴う職務質問で検挙しようと試みましたが、なかなかうまくいきません。そんな中でも、半分成功、半分失敗の重大事件検挙を体験することができました。

それは、深夜というより早朝の午前三時ごろのこと。風光明媚な徳島県南部の国道をパトカーで走行していたところ、パトカーの後方から猛スピードで接近してくる乗用車を発見したのです。

そこは車も人も全く通行していないところであり、その車両は前方の我々のパトカーとは気付かないであろう距離で急にスピードを落としたのです。

不審に思った私と相勤者は停止させて職務質問するため、一旦はパトカーを何気なく右折させ、道路沿いの建造物の陰に隠して同車両が通過するのを待ったのです。約一〇秒後に通過したので直ちに発進し、後方につけたところ、ナンバー灯が切れており、前照灯で照らして確認したところ、なにわナンバーであることが確認されました。

午前三時、人っ子一人いない田舎の国道を猛スピードで北進するナンバー灯の切れたなにわナンバーのユーノス。あまりにも不審であったことから、赤色回転灯を点灯させ、車載マイクで停止を呼びかけたところ、その車は素直に停止したのですが、停止した直後に運転席から遊び人風の中年男が自ら降車し、こちらに歩いてきたのです。

私は相良警部が講演の中で、「自ら外に出てくる者は車両の中に見られたくない物があるから、注目を自分に引き付けようとして、そのような行動をとる」と言われたことを思い出し、相勤者に「こいつはおかしいぞ」と言って降車し、注意深く男に接近し、職務質問を開始しました。

助手席にも男が乗車しているのが見えましたが、私は運転席から降車してきた男に対して、「運転免許証は持っているのか?」と質問したところ、不携帯であるとのこと。

免許証の確認の必要があるということで、説得し、その男をパトカーの後部座席に乗せ、私は助手席に乗り込みました。(この位置は相良警部の言われる三位一体の乗車位置を無視したもので、私は後部座席の対象者の左側に乗車すべき)。

ここで話しは少し飛びますが、大切なことなので三位一体の乗車位置について説明します。外にいる職務質問対象者をパトカーに乗車させる場合、対象者を後部座席の右側に乗車させ、警察官は対象者の左側に乗車します。そして、運転席の警察官は降車して助手席に乗車するのです。それを三位一体の乗車位置と呼びます。

なぜそうすべきかを説明します。パトカーの後部座席右側のドアは基本、内側からはロックがかかって開かないようになっていますから逃走を防止することができます。

そして、対象者のすぐ左側に警察官が座ることによって所持品検査がしやすくなりますし、証拠隠滅をさせないようにすることができます。

次に、運転席の警察官が助手席に座ることによって運転席、助手席の座席の間から右後方の対象者を見ることができるので、対象者の動きや表情を見て、例えば薬物の放棄などの証拠隠滅行為や身体による抵抗を察知することができます。よって、三位一体の乗車位置が職務質問上、最も合理的なのです。

話しを元に戻します。相勤者は運転席に乗車。男は氏名を二転三転させたことから、私はユーノスの助手席の男に運転していた男の氏名を聞くために助手席から降車し、助手席の男に氏名を尋ねたのです。

同男も遊び人風の男であり、態度がソワソワしており、非常に不審でした。その際に、車の中を見ると、運転席と助手席との間に多量の小銭を入れたペットボトル、後部座席下にバール、座席上にモデルガン、運動靴、手袋等があり、私は助手席の男に「あんたら何をしてきたんだ？」と追及したのですが、仕事の帰りと言うのみで、まともに答えるはずがありません。

それでも何とか運転していた男の名前を聞き出したので、私はパトカーに帰り、男に対して「助手席の人があんたの名前は○○と言っているぞ。どうなんだ？」と氏名について追及したのですが、その時にユーノスが急発進し、逃走し始めたのです。

助手席の男が運転席に乗り移り、運転して逃走したのでした。我々は男を後部座席に乗せたまま、追跡したのですが、馬力が違い、みるみる離され、見失ってしまいました。

無線で手配しましたが発見には至りませんでした。まだ未熟だった私は、ユーノスのエンジンを切らせてキーを預かる等の措置をとっていませんでした。

相良警部が聞いたらあきれられてしまいそうですが、その当時はその程度の職務質問レベルでしかありませんでした。しかし、懸命にやっていたので天が助けてくれたとしか言いようがないのですが、男は無免許運転であることが明らかとなったことから通常逮捕することができました。

男はポケットに五〇万円ほどの札束、手袋、ペンライトを所持しており、車内にあった様々な不審物件から窃盗犯人と思われましたが、その時点ではどうにもできませんでした。しかし、幸いにも同日の午前中、隣県の高知市内で金庫破り等、侵入窃盗事件の被害届が数件あり、同男の足跡と現場の足跡が合致したことから金庫破り事件等の解決に至ったのです。後日、逃走した男も通常逮捕することができました。

この職務質問を発端とした侵入窃盗事件の解決は相良警部の講演を聞いたからできた検挙ではあるのですが、経験の乏しい私たちはこのように隙だらけの職務質問しかできませんでした。私はこの体験を通して、隙のない職務質問ができるようになりたいと強く思うようになりました。

四　大阪府警職務質問委託研修

曲がりなりにもこのような検挙があったことから、翌年の二〇〇二年七月、同志のＡ警部補と共に、私は大阪府警職務質問委託研修を受けさせてもらうことになりました。ということは職務質問の講演をしていただいた相良警部の直接のご指導を受ける機会に恵まれたのです。

うだるような暑さの中、相良警部の乗車する大阪府警のパトカーに同乗させてもらい、大阪市内の歓楽街、ホテル街を中心に警らし、不審者、不審車両を発見しては、躊躇なく積極的に職務質問を実施し、対象者が動揺しているいわゆる空白の一五秒を利用してパトカー内に入れ、対話による所持品検査によって、覚せい剤、大麻等の違法薬物を発見しては所持の現行犯で逮捕し、所持がなくても症状があれば採尿し、使用で緊急逮捕するといった検挙要領でした。

ここで、相良警部から学んだ空白の一五秒について簡単に説明します。誰でもですが、特に犯罪を犯していたり、禁制品を所持している人物ならば、突然、警察官に声をかけられたら、一瞬にしてパニック状態になって心が空白になるので、最初の一五秒間程度は職務質問している警察官の指示に素直に従うということです。

一ケ月間八当務という短い期間ではありましたが、覚せい剤取締法違反六件八名、大麻取締法違反一件一名、道路交通法違反（無免許、業務上過失傷害）一件一名、暴力団組員による軽犯罪法違反（凶器携帯）一件一名の検挙があり、私には一つ一つの職務質問を端緒とする逮捕がものすごく貴重な体験となりました。

特に印象に残っているのが、

○　頑なにバッグの中を見せないが覚せい剤使用の症状が表れている被疑者に対して、その場で捜索差押許可状を請求し、令状を示してから強制的にバッグを開けて覚せい剤を発見し、現行犯逮捕した件

○　任意同行した覚せい剤使用の症状が表れている女性が任意採尿に応じなかったことから、捜索差押許可状を得て採尿し、緊急逮捕した件

○　人ごみの中で相良警部が「あの男」と言って抽出した男に駆け寄り、職務質問したと

ころ、覚せい剤使用の被疑者であったこと

○　外国人であっても躊躇なく職務質問し、ポケットの中に大麻樹脂を所持しているのを発見し、現行犯逮捕した件

○　暴力団の抗争事件が発生している地域において、停止中のベンツに乗車していた組員に対して、躊躇なく職務質問を実施し、車内に隠し持っていた先端を尖らせて凶器にしていたステッキを発見し、凶器携帯の軽犯罪法違反で現行犯逮捕した件

等、私が経験したことのない多くの体験をさせてもらいました。

この職務質問を身につけ、実践するならば、地方の徳島県でも必ず検挙できるとの確信を得、私は帰県したら、多くの同僚、部下に実践を通して伝えたいと思いました。

何も知らない私どもを快く受け入れてくださり、温かく見守ってくださった第一方面機動警ら隊の隊長、副隊長、中隊長さん。身近で親切丁寧にご指導くださった相良警部。気さくで色々お世話くださった隊員の皆様、思い出せば懐かしく、心からの感謝の念が湧き上がってきます。

五　職務質問委託研修を受けての地元での警ら活動

帰県して元の阿南警察署のパト係に戻った私は、相良警部の講演を聞いている相勤者と共に、今までやってきた自動車検問による飲酒運転取締り、自転車盗検挙活動に加えて、積極的に不審車、不審者を呼び止めて職務質問もするようになってきました。

以前と比べてはるかに積極的かつ技能もレベルアップしていたように思えます。荒っぽい運転をしていた薄汚れた普通車を不審と感じて、その車がスーパーの駐車場に停止したところ、パトカーを横付けして即、運転席の暴走族風の青年に職務質問。

逃走されないようにエンジンを切らせて質問したところ、無免許運転であることが判明。対話によって車内に置いていたバッグ内を確認したところ、青年の名前とは異なる預金通帳があり、照会したところ、空き巣の被害品であることが判明したのです。

まずは無免許運転で現行犯逮捕したのですが、当時、空き巣事件が連続発生しており、その青年と数名の仲間による犯行と判明し、十数件、被害額数百万の空き巣事件の解決に至ったことがありました。

また、車内にナイフや包丁を積載していた事例もあり、銃刀法違反も検挙してゆきました。その中で一件、物凄いともいえる銃刀法違反の現行犯逮捕がありました。

夜の一一時ころ、飲み屋街を警らしていたところ、作業服を着た五十歳くらいの男が恨み、憎しみの表情をして歩いていたのです。

それだけで不審と感じた私は運転の相勤者に「あの男止めよう」と言ってパトカーから降車して駆け寄ったのです。そして、間髪を入れずに「危険物の取締りをしてるから、ちょっと触らせてくれる?」と言って作業服の上から触ってみたのです。

そうしたところ、胸のあたりの内側に何か固いものがあったのです。「おじさん、これ何。出してみて?」と言ったところ、男は自ら胸の内ポケットに手を差し入れ、出してきたのが包丁でした。

私はすぐに取り上げ、「何で包丁持ってんの?」と質問したところ、男は「スナックに気に入らない奴がいるので殺しに行くところだった」と言ったのです。

銃刀法違反で現行犯逮捕しました。この一件、もし、その時間その場所を警らしていなかったら、あるいは男に職務質問していなかったら一分後に殺人事件が発生していたでしょう。私たちは見知らぬ市民の命を守り、直前でストップをかけたことで被疑者の人生も救えたのではないかと思います。

この一件を思い出すと、京都アニメーション放火殺人事件や刃物を使った無差別殺傷事件、秋葉原通り魔事件も直前で警察官が職務質問していたら防げたのにと残念な気持ちになります。

いや、発生していないものは見えないからわかりませんが、全国の職務質問プロフェッショナル警察官は相当数の殺傷事件を抑止していることは間違いありません。

六　徳島県警察広域自動車警ら隊の発足

①　広域自動車警ら隊が生まれた理由

比較的治安が保たれていた徳島県も、一九九七年に明石大橋が開通し、本州と陸続きになったことから、県外から流入してきた犯罪者がヒットアンドアウェイ型の窃盗犯、粗暴犯、あるいは強盗等の凶悪犯罪を刊行し、広域化、組織化された街頭犯罪、凶悪犯罪が横行するようになってきたのです。

街頭犯罪、凶悪犯罪は増加の一途を辿り、十分な捜査ができないといった現状になりつつありました。

それと共に再編整備がすすめられ、駐在所や交番が統廃合されるようになり、廃止された駐在所や交番が受け持っていた地域住民の安全を図る必要に迫られていたのです。

そこで、増加の一途を辿る街頭犯罪、凶悪犯罪を抑止するため、そして、地域住民の安全を守るため、二〇〇三年三月、広域自動車警ら隊が発足したのでした。

私は前記のとおり、大阪府警の職務質問委託研修を受け、帰県してからの半年間、実績も上げていたことから、光栄にも発足した広域自動車警ら隊の初代小隊長として赴任したのでした。

② 徳島県警察広域自動車警ら隊の体制

発足した当時、隊長（警視）、中隊長（警部、管区機動隊兼任）以下、自動車警ら隊の専務員である本隊員が七名（小隊長三名、分隊長四名）と管区機動隊員兼務の隊員一八名の計二五名体制で、管区機動隊員がいるときは三台運用。管区機動隊員が訓練や出動のときは、一台だけの運用になりました。

三年目の二〇〇五年から、西部分駐隊、南部分駐隊が発足し、徳島県の西部方面に六名一台、南部方面に六名一台が配置されました。

③　広域自動車警ら隊の使命

二〇〇三年当時、徳島県警地域警察は刑法犯、特別法犯の検挙実績は全国最下位に近いものでした。当時、生活安全部長、地域課長、指導官から「検挙に勝る防犯なし」と発破を掛けられ、自動車警ら隊の使命はただ一点。多発する街頭犯罪と特別法犯を検挙しながら抑止することでした。

また、上司からは検挙実績全国最下位クラスの汚名を返上し、せめて、中堅クラスにして欲しいとの切なる要望がありました。

小隊長兼職務質問指導官に指定された私は重大な使命を背負うことになり、大変な重圧感の中での始まりでした。

④　広域自動車警ら隊発足後の誇るべき結果

同志と共に創意工夫しながら街頭犯罪、特別法犯検挙活動に邁進したことによって誇るべき結果を残すことができました。広域自動車警ら隊発足当時は検挙実績が全国最下位クラスでしたが、三年後には警察官数二五〇〇人未満県では検挙実績一位になり、徳島県の犯罪の発生件数は減少の一途を辿りました。十数年の間に一年間の発生件数

・街頭犯罪　六六〇二件　↓　一一四五件
・侵入窃盗　一〇〇四件　↓　一九二件
・凶悪事件　　六四件　↓　一四件

と激減と言ってもいいほど減少させることができました。

全国的にも犯罪の発生件数は大幅に減少しています。全国紙の新聞には、犯罪が減少しているる原因は防犯カメラの普及と国民の防犯意識の向上だと社説で書いてありましたが、最大の要因は職務質問ではないでしょうか。この実績が私の警察人生の最大の誇りです。

第2章 職務質問指導者としての検挙活動と体験談

ここからは私が職務質問指導者（指導官）としてやってきた職務質問の手法と体験談を記してゆきます。地域警察官の皆さんの参考になればと思います。

一　所持品検査

私が相良警部から学んだ検挙要領は先にも述べたように、職務質問に伴う所持品検査にあります。当たり前のようですが、所持品はほとんど全ての犯罪につながります。例えば窃盗犯人であれば、盗品、侵入工具等。薬物乱用者なら覚せい剤、大麻、ＭＤＭＡ等、暴走族、ナンパ族なら木刀、特殊警棒、鉄パイプ、催涙スプレー等を所持、携帯しています。

自動車警ら隊では、それまでやってこなかった所持品検査を、創意工夫しながらできる限りにおいてやってきたのです。その結果、覚せい剤取締法違反、大麻取締法違反、銃砲刀剣類所持等取締法違反、凶器携帯の軽犯罪法違反、窃盗犯、特殊開錠用具の所持の禁止等に関する法律違反、商標法違反等の検挙につながってきました。

二　職務質問の対象

職務質問の対象については、全国の職務質問指導官、指導員の方々がご指摘されているとおり、

ア　窓にブラックフィルムを貼付している車両
イ　ナンバーを折り曲げている車両
ウ　他県ナンバーで不審な動きをする車両
エ　へこみや擦り傷が見られ、掃除をしていない車両
オ　封印がない、封印が歪んでいる、封印にキャップを付けている車両
カ　保管場所標章が貼付されていない車両
キ　ぞろ目ナンバーとか八九三（ヤクザ）、六三四（ムサシ）など格好をつけたナンバーの車両
ク　セルシオ、ベンツ、アリスト、プレジデント等の高級車でありながら前記の特徴のあ

る車両

ケ　歓楽街、ホテル街を歩いているチンピラ風の者、薬物中毒者特有の症状がうかがわれる者、パトカーを見て体をかわす者

等です。

それらの車両もしくは人を発見したとき、あまり長時間、様子をうかがってしまうと、タイミングを逸してしまい、相手に余裕を与えて、検挙につながらないとか見逃してしまうといったこともあるので、躊躇しないことが重要になってきます。

三　創意工夫と検挙（自動車検問による所持品検査）

軽犯罪法違反一条二号（凶器携帯）

「正当な理由がなくて刃物、鉄棒その他人の生命を害し、又は人の身体に重大な害を加えるのに使用されるような器具を隠して携帯していた者」

徳島県警察広域自動車警ら隊が発足した二〇〇三年当時、徳島市内では深夜から早朝に

かけて、歓楽街の外れの地域において、若い女性目当てのハント族（ナンパ族）、暴走族、男に誘われることを期待する若い女性が乗車する軽四車両等がほとんど数珠つなぎのように走行し、付近住民から「なんとかならないのか」との取締り要望が寄せられていました。騒音と共に若者による喧嘩やもめごとが頻繁に発生しているような状態でした。

そんな状況の中で、ある日の深夜、暴走族同士の喧嘩で車載していた木刀で相手を殴り、大怪我をさせる傷害事件が発生しました。この事件で彼らの中には木刀やその他の凶器を携帯している者が相当数いるということがわかったのです。

私は大阪での研修で、ベンツに乗車していた暴力団組員を軽犯罪法違反（凶器携帯）で現行犯逮捕した経験があり、深夜から早朝にかけて走行しているハント族等の若者の中には凶器類を携帯している者がいるであろうし、傷害事件を抑止するためには、大阪での体験を生かして、これを検挙していく必要があると思い立ちました。

それまで、飲酒運転取締りで培ってきた自動車検問という得意技をもっていた私は「自動車検問で彼らの車内を確認することができれば、凶器の発見につながるのではないか」とひらめき、隊員及び受け持ちの警察署の地域課長に呼びかけたところ、賛同を頂き、同署のパト係員、交番勤務員も来てくれ、初めての試みに挑戦してみました。

道幅が広く、車両を端に寄せて停止させることができ、ハント族、ナンパ族、暴走族ばかりが通行する市役所前の通りを選定し、毎当務、警察官約二十名で自動車検問を実施しました。

検問については、飲酒運転取締りの検問と同じで手にした停止灯を使って停車させてから運転者に対して、「危険物の取締りをしています。深夜に凶器などの危険な物を積んでいる人が時々おりますので、ドアポケット、ダッシュボード、コンソール、トランク、床等を確認させてくれますか。ご協力お願いします」等と言って、同意を得た上、車両の所有者の立会の下に実施しました。

そうしたところ、なんと多くの者が凶器となる木刀、鉄パイプ、特殊警棒、メリケンサック、中には催涙スプレー、スタンガン等をドアポケット、トランク、床等に隠して携帯していることが分かったのです。やれば、凶器を携帯している者であっても全て車内を確認することに同意し、見せてくれました。

発見すれば、質問追及で、護身用であっても正当な理由がないことを認めさせ、証拠を保全するために積載している状況を写真撮影した後、凶器類の任意提出を受け、警察署に同行、取り調べ、簡易書式の供述調書を作成します。

数年で約二〇〇件の凶器携帯の軽犯罪法違反を検挙してきました。もちろん、それだけではなく、薬物、窃盗、銃刀法違反等も多数検挙してきました。

四　検問による大麻取締法違反の逮捕

二〇〇五年、この車内確認を伴う自動車検問によって、約五〇〇グラムの大麻を所持していた被疑者二名を検挙したことがあります。この検挙によって、有難くも警察庁組織犯罪対策部長賞を受賞させていただきました。この検挙は私の長い警察人生の中でも特筆すべき検挙ですので、参考にしていただきたく紹介します。

徳島市の東端にはマリンピアと呼ばれる東西約一キロメートル、南北約一・五キロメートルの多くの企業が進出している埋立地があります。当時、そこには深夜から早朝にかけて、多くのハント族、暴走族が集まり、周回することから付近住民から取締り要請がありました。傷害事件、強姦事件まで発生していました。

当日は週末であり、取締りのため、午前〇時三〇分ころから、広域自動車警ら隊の隊員五名、徳島東警察署のパト係員三名の計八名でマリンピアの入り口で自動車検問を実施しました。

この検問は過去やってきた交通違反のみを検挙する検問ではなく、車内に積載している禁制品を発見し、検挙につなげることを主目的とした検問です。検問開始一五分後の午前〇時四五分、一台の車両を停止させました。その車両は愛知県豊橋ナンバーの黒色のセドリック。

運転席、助手席以外のウインドウにはブラックフィルムを貼り、よく見ると車体は傷だらけ。運転席と助手席には耳だけではなく口にもピアスをしている若い男が乗車していました。私は一瞬にして「これは何かある」と直感しました。

同車両を赤色灯で停車させた私は、赤色灯を横にして立ちはだかり、近くにいた隊員に「豊橋ナンバー」と告げました。若い隊員は私の意向を察し、運転席に素早く近づくと、逃走防止のため、運転者にエンジンを切らせ、キーを抜き取らせました。

私が車両の前に立ちはだかったのは逃走防止のため。そして、早期に隊員に職務質問させたのは対象が動揺している空白の一五秒を利用してエンジンを切らせるためでした。エンジンを切らせてキーを抜き取らせたことから、これで一段落。すぐには逃走できません。

次に私は空白の一五秒の間に運転席の男を降車させて、まずはトランク内を確認するべきと判断し、素早く運転席に駆け寄り、運転席の男に対して、「危険物の取締りをしているのでトランクの中を確認させてくれるか」と告げたところ、男は「いいですよ」と言ってドアを開け、降車しかけたのですが、突然、「やっぱりやめた」と言って運転席に戻ったのです。

私は男の動作があまりにも不自然であったことから、トランクに何か禁制品を入れているに違いないと直感しました。私はとっさにドアと運転席の男の間に身体を入れ、ドアを閉めさせないようにしました。

この状態なら逃走しようとして男がキーを差し込もうとしても制止できます。空白の一五秒が過ぎ、後は粘り強い説得しかありません。

私以下八名の警察官は運転席の男と助手席の男に対し、手分けして当たり、トランク内を見せるよう説得し続けました。男は「何も入ってない。衣類しか入ってない」と繰り返すものの動揺していることは明らかでした。私たちは、

「いけない物が入っていないのなら見せたらどうだ。それとも、何か見せられない物を載せているのか」

と追及。一歩も引くことはできません。

押し問答を繰り返している内に隊員が助手席の男が持っていたバッグの中に直径約一〇センチの金属製の網が入っているのを発見したのです。

大麻を吸うために網を使うということを研修で学んだことがあり、男たちが大麻を所持している疑いが強いと判断し、捜索差押許可状の請求も視野に入れて隊員と共に粘り強く説得を続けました。

約一時間の説得の末、運転席の男はついに諦め、「それなら見せるよ。でも衣類しか入ってないよ」と言って、自ら降車し、自分でトランクを開けたのです。トランク内には男が言うように衣類が山積みされていました。その後、男は奇妙な動作を見せたのです。

男は、私たち警察官に「触らないでよ」と言い、自分で山積みされている衣類を掘り起こしながら、「何も入ってないでしょ」とめんどうくさそうに言う。しかし、私は見逃しませんでした。

男はチラッとトランク内の左端を見た後、左端を気にしないように装いながら、衣類を掘り起こしたのでした。

私は、男が気にしないように装っているトランクの左端を見たところ、白色の手提げ紙袋が衣類に埋もれるようになりながらも置いているのを見つけたのです。

私はその紙袋を指して、男に「この紙袋の中には何が入っているのだ？」と質問したところ、男は明かに動揺し、「そ、そ、それは」と言ってから黙り込んでしまいました。「中を確認するよ」と告げて紙袋の上部を開き、中を見たところ、細かく切った葉が入ったパケ（ビニール袋）が多量に入っていたのです。臭いを嗅ぐと大阪での研修で見たチョコと言われる乾燥大麻の匂いと同じでした。私はその物件が大麻であることを確信しました。

二人の男を切り離して追及したところ、二人とも大麻であることを認め、「インターネットでハント族、暴走族等がい集している地域を探して、売りに来た」とのことでした。

簡易検査で大麻であることが判明し、二名の男を大麻取締法違反で現行犯逮捕することができました。

この検挙は私一人ではできるものではなく、同志とも言える隊員と交番員の協力と連携があってできたものだと今でも感謝しています。

五　自動車検問による珍しい検挙

深夜から早朝にかけ、暴走族やハント族が多数徘徊していた市役所前での自動車検問で普通乗用自動車を停車させたところ、若者三名が乗車していました。

車内を確認したところ、後部座席に縦横五十センチメートル位の段ボール箱が無造作に置かれていたので、承諾を得て開けたところ、ルイヴィトンのセカンドバッグが数十個入っていました。若者がそんな高級なセカンドバッグを多数持っているということは当然不審です。

警察署に同行し、追及したところ、偽ブランド品であることを知りながら、販売目的で所持していたことが判明し、商標法違反で検挙することができたのです。

そして、捜査員の突き上げ捜査で大阪の業者まで逮捕に至ったということもありました。

商標法違反で検挙したのは数えきれないほどの検挙の中で、ただ一つの検挙事例でした。

六　待ち伏せ作戦

職務質問の対象の一つはいわゆる三要件プラスワン車両。三要件プラスワン車両とは、汚れていて凹損、擦過痕等が多く、黒色フィルムを貼付したような車両、高級車ならなおさらです。

私は頼りになる相棒（相勤者）とパトカーで警ら中、三要件プラスワン車両の発見に努めていました。

しかし、走行していると当然ながら発見しても対向車両。せっかく発見しても、対向だから停車させるには当然Uターンしなければならず、そうすれば、距離は離されるし、間に多数の他の車両が入り込んでしまい、結局は見失ってしまうということがよくありました。それを解消するためにはどうすればよいか考えました。

　これも当たり前のことではありますが、結論として待ち伏せをすることです。具体的にどのようにすべきかというと、主要幹線沿いの路地、空き地等にパトカーを停め、横から通過車両をチェックするのです。

　その際、できるならば、相手にパトカーが見えない場所がベターです。横から見れば、その車両の様子がよくわかりますし、発見すれば、直ちに発進し、対象車両のすぐ後方に付け、停止を求めるのです。

　私はよく、国道等の主要幹線で待ち伏せ作戦を実践してきました。この待ち伏せ作戦で覚せい剤取締法違反、その他の犯罪を多数検挙してきました。事例をいくつか紹介します。

事例一
　その場所は、本州から徳島県に流入する地点である高速道路神戸淡路自動車道鳴門インターから国道一一号に出る地点に、ちょうどパトカーが隠れる空き地があるのですが、そこにパトカーを国道に向けて停車させ、目の前を通過する車両をチェックしました。

車両を確認できる時間はほんの二秒。その時、高速道路から降りてきて目の前を通過する茶色のセルシオを注視しました。同車両は運転席、助手席には貼ってないものの後部窓ガラスには真っ黒なフィルムを貼っていました。

車両は高級車でありながらボロボロの車両。助手席の窓から見えた乗車している者は茶髪の遊び人風の男女であることが確認できました。

私と相棒はこれは不審だと感じ、直ちにパトカーを発進させ、同車両の後方に付けました。マイクで停止を求めたところ、国道沿いのレストランの駐車場に入り、停車したのですが、運転していた三十歳くらい、ギラついた目つきの茶髪の男が自ら降車し、後方に停車した私たちのパトカーの方に歩いてきたのです。

私は、自ら降車してくる者は車内に何か見せたくない物があるから、注意を自分に引き付けるための行動だと体験的にわかっていたので、これはただ者ではないと直感し、相棒と共に職務質問にあたりました。

男をパトカーに乗せようとしたのですが、「のどが渇いたので自販機のところまで行かせろ」と言って立ち去ろうとしたので、任意性を確保しながらではありますが、立ちはだかり行かせないようにしました。

助手席にも同乗者がいるし、あまりにも態度がおかしい。二人での職務質問では、逃走、証拠隠滅、抵抗の恐れが強いと判断したので、早急に無線で応援を求めました。

普段から協力関係にある所轄のパトカー、機動捜査隊員がサイレンを吹鳴しながら駆けつけてくれました。数の力で逃走、証拠隠滅、抵抗を制し、説得の上、任意採尿に応じさせることができました。

結果、助手席に同乗していた女性共々、覚せい剤の使用で緊急逮捕することができました。応援を求めれば、必死で駆けつけてくれる仲間は本当にありがたいものです。

相手が二名でこちらも二名、そして、対象が不審な言動をとり、逃走、証拠隠滅、抵抗の恐れがある場合は躊躇なく応援を求め、数で制することが大切です。

危険な仕事をしながら治安を守っている我々は盟友です。日頃から良き人間関係を醸成し、仲間意識をもって、ピンチのときは助け合うこと。そういった意識を常に忘れないように心がけることが大切だと実感した一件でした。

事例二

事例一と同じ場所にパトカーを停めて国道を南進する車両を注視していたところ、国道を南進する助手席にブラックフィルムを貼った白色の普通乗用自動車を発見したのです。その車両はへこみや傷も多く、他県ナンバーでした。

私は相勤者と共にパトカーを発進させて、同車両のすぐ後方につけ、「前の○○ナンバーの車両。道路の左に寄って停止してください」と呼びかけると同車両は指示に従い、左端に寄せ、停止しました。

私はすぐさま降車し、運転席に駆け寄りました。運転席には五十歳くらいのジャンパーを着た男。助手席と後部座席には黄色人種ではあるが日本人とは違う風貌の三十～四十歳くらいの三人の男。

三人の男は警戒心むき出しの表情。運転席の男は免許証の確認によって日本人だったのですが、助手席の男に質問したところ、片言の日本語で自分は中国人であり、後部座席の二人の男も中国人だと語りました。

外国人登録証明書の提示を求め、助手席の男の外国人登録証明書を確認したところ、在留期限が切れており、後部座席の二人の外国人登録証明書は写真を接着剤で張り付ける等、偽造と思われたので、受け持ちの警察署に同行し、捜査員の協力を得て確認。二人の外登証は偽造と判明しました。

密入国していたことが明らかとなり、助手席の中国人は在留期限が過ぎていたことから三人を出入国管理難民認定法違反で逮捕するに至りました。

事例三

午前○時ころのことでした。歓楽街の外れの路上脇で待ち伏せ作戦を実施していたところ、歓楽街方面から白色のワンボックスカーが走ってきました。その車両は前照灯が消えている状態であり、若干ふらつきもありました。

前照灯は途中つけたのですが、様子がおかしいと感じた助手席の私は相勤者に「あの車おかしい。止めよう」と指示し、パトカーを発進させ、すぐにワンボックスカーの後方に付けました。

そして、車載マイクで「前の車左に寄せて止まってください」と言ったところ、ワンボックスカーはスピードを上げて逃走し始めたのです。

私たちは赤色回転灯を点灯し、サイレンを鳴らし、追跡開始。無線で本部にも現状を報告。同車両は若干のふらつきを見せながら逃走。停止の呼びかけにも全く応じません。片側一車線の市道を四キロくらい追跡したところで通行量の多い国道との信号交差点に行きつきます。このまま国道に突っ込まれては大事故につながる恐れが大。同交差点に接近したところ、信号は赤。停止線手前には五台くらいの車両が信号待ちで停止している。

ワンボックスカーは若干スピードを緩めたので「このまま止まってくれ」と祈るような気持ちになったのですが、ワンボックスカーは右側の対向車線に進路変更し、信号待ちの五台の車を抜いて国道に出ようとした。このまま赤信号で国道に突っ込んだら大惨事になる。「まずい」と思った瞬間、国道から大型トラックが左折してきて進路を塞いでくれたのです。

何というタイミング。ワンボックスカーは停止せざるを得なくなり停止。私は助手席から飛び出して同車両の運転席に駆け寄りました。有無を言わさずドアを開け、エンジンキーを回してエンジンを切りました。

運転席には四十歳くらいの作業員風の男。男の口臭からはアルコール臭。「あなた、酒飲んでるな。降りてきなさい」と告げて降車させ、パトカーの後部座席に座らせ、飲酒検知したところ、基準値を上回るアルコール分を検知。

歩行状態はまだ正常と言える範囲だったので酒酔い運転ではなく酒気帯び運転を認定し、現行犯逮捕しました。

そして、「車は誰の車なのか?」と質問したところ、男は「知るか」とふてくされた態度を見せたのです。車の所有者について追及していたところ、通信指令室から「南二軒屋町のファミリーマート駐車場で自動車盗事件発生。車両は白色のワンボックスカーでナンバーは〇〇〇〇」との手配があったのです。手配の車両は酒気帯び運転で現行犯逮捕した男が運転してきたワンボックスカーでした。

そして、南二軒屋町とは同ワンボックスカーが発見時に走行してきた方向。厳しく追及したところ、男はワンボックスカーを盗んだことを認め、酒気帯び運転の現行犯逮捕に加えて、自動車窃盗については緊急逮捕に至ったのでした。

このようにパトカーによる待ち伏せ作戦は非常に有効な手法です。また、緊急配備が発令された場合、すなわち、凶悪事件から軽微な犯罪まで発生してから、さほど時間が経過しておらず、犯人の車両の車種、ナンバー、特徴、犯人の人相、年齢、服装、特徴等がある程度判明している場合、パトカーでもオートバイでも道路を走りながら手配車輌や犯人を捜すと相手（犯人）に先に気が付かれる。

また、対向車線であればＵターンに時間がかかって逃げられてしまうおそれが強いことから、犯人が逃走するであろう方向を読み解いて待ち伏せ作戦を展開するのは非常に有効であると実感しています。是非とも参考にしてください。

七　休憩の大切さ

当時、私は一当務に一件以上の刑法犯か特別法犯の検挙を目指していました。ある当務日のこと。何とか一件と思いながら、休憩もせずに何十件もの職務質問を実施したにもかかわらず、検挙することができず、もう午前四時三〇分。相棒と共に意識が朦朧としてきて、集中力がなえてきました。

検挙することが叶わず、隊に帰らなければならないのだろうか……。弱気の虫が頭をもたげてきたとき、「思い切って、今から三〇分寝て、最後の勝負をしよう」と相棒に告げ、交番の裏の駐車場でパトカーを停車。パトカー内で座席を後ろに倒し、三〇分だけの睡眠をとりました。

目を覚ましたときは午前五時。意識もすっきりしていました。これなら少しの時間なら集中できる。ダメならダメでいい。三〇分間、最善を尽くしてみようと相棒と共に心を励まし、国道での待伏せ作戦を実施したのです。

一〇分後の午前五時一〇分、前方を右から左に走行する車両が目に留まりました。その車両はブラックフィルムを前面に貼付した白色のセルシオ。私と相棒は直ちにパトカーを発進させ、いつも通りパトカーを対象車両の後方に付けたところ、普段見かけることのない所沢ナンバーでした。

これは怪しいと直感した私共は基本どおり停車させた後、空白の一五秒を利用して運転の男を降車させてからパトカーの後部座席に乗せ、私が男の隣に座り、所持品検査を実施したところ、財布の中に、パケに入った覚せい剤を忍ばせているのを発見し、覚せい剤所持で現行犯逮捕しました。

このように疲れで集中力が萎えたときは思い切ってパトカーの中で短時間睡眠をとり、意識を回復させてから再挑戦することが重要だと実感した一件でした。

八　モーテル街での検問

自動車検問の場所は暴走族、ハント族が連続的に走行する場所だけではありません。私はモーテル街での自動車検問もやってきました。これも創意工夫の一つです。

深夜の午前○時ころ、モーテル街へ行き来する道路で自動車検問を実施。モーテル街方面から走行してきた普通乗用自動車を運転席側から停止灯を運転者の眼前に差し出して停車させたところ、運転していた男は中年の男。助手席には年齢的に高校生くらいの女の子が乗車していました。

女の子の年齢が知りたいので「平成何年生まれなの？」と質問。彼女は「エーあのう」と戸惑っている。なぜ、平成何年生まれかと質問するのか。それは、「年いくつ？」と聞くと、即座に二〇歳などと嘘つけるけれども、「平成何年生まれ？」と聞くと年齢をごまかそうとしても戸惑うからです。

結局、女の子は一六歳と判明。男と離して詳細を聴取したところ、

「二か月前に出会い系サイトで運転のおっちゃんと知り合い、今まで五回モーテルに行って肉体関係を持った。一回につき一万円をもらっていた」

との供述を得、運転の男も認めた。

受け持ち署の生活安全課長の協力を得て、児童福祉法違反（児童買春）で通常逮捕。彼女の携帯の履歴から他の男とも関係を持ち、数名の犯行が明らかになった事件でした。

九　青少年健全育成条例違反の検挙活動

条例は都道府県で若干異なる部分がありますが、徳島県では
（夜間外出等の制限）
何人も、正当な理由がないのに夜間に保護者の委託を受けず、又はその承諾を得ないで

青少年を連れ出し、同伴し、又はとどめてはならない。

（いん行及びわいせつな行為の禁止）

何人も、青少年に対し、いん行又はわいせつな行為をしてはならない。

とあります。

この二つの青少年に対する条例違反の検挙活動は所持品検査を伴わない職務質問によります。青少年健全育成条例が示す青少年とは一八歳未満、すなわち一七歳以下の青少年であり、深夜とは午後一一時から午前五時までの深夜です。

私は所持品検査を伴わない職務質問により、相当数この二つの青少年健全育成条例違反を検挙してきました。

深夜の自動車検問、不審車両の停車職務質問、駐車場や空き地に停車している車両への職務質問等でアベックを発見して女子が一八歳未満と感じられた場合、年齢を確認し、一八歳未満と判明すれば肉体関係を持っていないか、正当な理由なく連れ出していないか等を確認し、該当すれば検挙してきました。

職務質問は所持品検査をしなくても、こういった検挙もできるということをお伝えさせていただきました。このように落とし穴に落ちている青少年を救い出せるのも職務質問です。

十　人けのない場所の警ら活動

私は意識が分散しているからでしょうか。犯罪検挙活動のやり方が偏らず、できることは何でもやってきました。

その中で深夜に全く人けのない場所の警ら活動もやってきました。人けのない場所の警らをしたって無駄じゃないかという声もありそうですが、そうではありません。深夜、人けのない場所に車が止まっていたり、走っていたら、それはやはり不審です。

二件ほど人けのない場所での警ら活動からの検挙を紹介します。

事例一

こんなことがありました。徳島市内には小説にもなり映画にもなった「眉山」という標高約二八〇メートルの山があります。山の頂上付近には駐車場があり、上りの道路にはモーテルもあります。

勘がはたらき、深夜の午前一時ころ、パトカーで眉山の頂上の駐車場に行ってみました。駐車場の端に一台の白色の普通車。不審に感じた私は相勤者と共に素早くパトカーを白の普通車の横に停車させ、降車してから運転席に歩み寄りました。

運転席には二五歳位の男。助手席には女性が乗車していたが、あまりにも若すぎる感じ。私は運転席の男に対して、「危ないからエンジンキーを抜いてくれる?」と言って空白の一五秒を利用してキーを抜かせました。もちろん逃走防止のためです。

そして、助手席の女性に年齢を尋ねたところ、なんと一六歳で高校二年生。両人から聴取したところ、

「出会い系サイトで知り合い、ドライブでここ（眉山頂上付近の駐車場）に来た。女子高生の両親には言っていない」

とのこと。

私は典型的な青少年健全育成条例違反の夜間等外出制限に当たると判断し、受け持ち警

察署の捜査員に連絡して現場に来てもらい、男をパトカーに乗せ、女子高生は捜査員が捜査車両に乗せて警察署に同行したのです。

同行中、捜査員は女子高生から、

「彼と会ったのは今日が初めて。恋人でも何でもないが上手に誘われたので彼の車に乗ってドライブに出たら、無理やり眉山の頂上に連れていかれ、車の中で無理やり抱き着かれて胸や陰部を触られた。そこへ、パトカーの警察官が来てくれたのです」

との供述を得、警察署に到着してから男を取調べたところ、犯行を認めたことから強制わいせつ罪で逮捕することになったのです。

やる気があって正義感と責任感を持った捜査員の協力を得て青少年健全育成条例違反よりもはるかに重罪の強制わいせつ事件として逮捕することができました。それと共に女子高生を救うことができたこと。深夜に人けのない場所のパトロールが功を奏した事例でした。

事例二

徳島市の東端には先にも紹介したマリンピアという名称の広い埋立地があります。十数年前までは暴走族、ハント族のたまり場でしたが、私が指揮官となって自動車警ら隊の隊員と受け持ちの徳島東警察署の地域課員と共に自動車検問をしまくり、多数の凶器携帯等の法令違反、無免許運転等の道路交通法違反を検挙しまくったことから数年で暴走族、ハント族は激減し、深夜のマリンピアは人っ子一人いない状態になりました。

しかし、人っ子一人いない状態になったということは別の意味で犯罪の温床となる場所となるのです。深夜の午前一時ころ、私は相勤者と共にパトカーでマリンピアに向かいました。まさに人っ子一人いない状態。

周囲を観察しながら、ゆっくり走っていたところ、道路沿いのコンクリートの堤防の隙間に隠すようにして白色の普通乗用車が停車しているのを発見したのです。

怪しいと思ったのでパトカーから降車し、その車の運転席に近付いたところ、運転席には会社員風の四〇歳くらいの男。助手席にはあまりにも若い十五歳くらいの女の子が乗車していました。

女の子から名前と生年月日を聴取したところ、素直に供述し、年齢は一五歳であることがわかりました。名前と生年月日が明らかとなったので携帯無線機で本部照会センターに前科、前歴等を確認する総合照会をしたところ、女の子は家出の手配が出ていることが判明。

三ケ月前に東京都の自宅から家出して徳島に来ていたことが明らかになったのです。現場での追及により、運転席の男は会社員で女の子は年齢を偽って男の会社で働いており、同居しているとのこと。肉体関係もあることが判明したのです。

よって、男を青少年健全育成条例違反で検挙し、女の子は保護の上、東京の保護者に連絡。その日に車で迎えに来たご両親に引き継いだ生活安全課の課員が女の子を引き渡しました。生活安全課員はご両親から感謝されましたと伝えてくれました。

十一　歩行者への職務質問

この本のはじめにのところで京都アニメーションの放火殺人事件に触れて、もし青葉容疑者を事前に職務質問していたら防ぐことができていたと書きましたが、歩行者への職務質問は非常に重要です。

呼び止める理由がないから躊躇してしまう傾向が強いですが、おかしいと感じればやってのける心の強さが必要です。体験上、こんなことがありました。

事例一

もう早朝とも言える午前四時ころのこと。私は若手警察官に運転してもらって、ＪＲ徳島駅周辺をパトロールしていました。路地をゆっくり西進していたところ、正面から茶髪、黒色の竜の絵の入った半袖シャツ、真っ赤なズボン、腕には竜の入れ墨を入れている茶髪の二五歳くらいの男が携帯電話をしながら肩をゆすりながら歩いて来るのを発見したのです。

私は「何かある」と勘がはたらき、運転していた若手警察官に「あの男止めよう」と言って男の近くにパトカーを停車させるやいなや素早く降車し、男に近付きました。そして男に「市内の方ですか？」と質問したところ、ぶっきらぼうに「大阪や」と答えたのです。

次に私は男に「話が聞きたいのでパトカーに乗ってくれますか?」と言ったところ、男は素直にパトカーの後部座席に乗ってきました。

私は男の左隣りに座り、「たまに大阪方面から薬物の売人がやってくるんや。君は大丈夫とは思うが、持ち物を確認させてくれるか?」と告げたところ、男は「それなら大丈夫や」と言って、所持していたセカンドバッグを手渡してきました。

そこで、私は男に立会させてセカンドバッグを開け、中を確認したところ、身体障碍者手帳が入っていたのです。男は少し聞き取りにくそうにしていたのですが、その理由がわかりました。

手帳に書かれていた名前と生年月日で特定できたので、若手警察官に「この氏名と生年月日で照会してくれ」と指示し、若手警察官が無線機で照会センターに照会したところ、大阪府警が指名手配している強姦致傷罪の指名手配犯であるとの回答を得たのです。

まさかとは思いましたが、気を落ち着かせて、男に「君は大阪府警から指名手配されているぞ。わかってるのか」と大声で言ったところ、頷いた後うなだれてしまいました。

受け持ちの警察署に無線で連絡してから一旦は同行し、指紋の照合等で一〇〇パーセント人定が明らかになってから通常逮捕に至りました。

大阪府警が指名手配していたことから捜査員が大阪府警に引き渡すために連行したのですが、出発前に私は一人の先輩から、

「人間はなあ。立ち直ろうとしても、そこに真の対話者がいなければ立ち直れんのや」

と言われたことを思い出し、「私も曲がりなりにも彼の対話者になって彼を励ましてやりたい」と思い立ち、指名手配犯だった彼に真剣に、

「君がここで捕まったのも決して偶然ではない。意味がある。君が立ち直るきっかけにして欲しい。君はまだ若い。人生はやり直しがきく。世の中、冷たい人ばかりじゃないぞ。必ず君を待っている人がいる。たとえば、手に職を付けたらいい。仕事でも君を必要としている人が必ずいるぞ」

と耳元で大きな声で言ってやりました。彼が涙を流しながら、何度も頷いていたのが心に残っています。

事例二

前章で歩行者に質問したところ、胸ポケットに殺人用に包丁を持っていた事例を紹介しましたが、他にも歩行者に対する職務質問で検挙した事例は多々あり、その中で心に残っているのは徳島県自動車警ら隊が発足してから二年後の二〇〇五年に制定された特殊開錠用具の所持の禁止等に関する法律違反で逮捕した事例です。

深夜の午前三時ころのことでした。パトロール中、駅近くのボーリング場の広い駐車場に入ったところ、同駐車場を作業服を着た中年の男が歩いているのを発見しました。

最初、作業員の方かなと思ったのですが、その男はパトカーに気付くと目をそらして遠ざかろうとしたので私はパトカーから飛び降りて男に駆け寄りました。

そして、空白の一五秒を使って「ちょっと聞きたいことがあるのでパトカーに入ってくれますか?」と言ったところ、男は案外素直にパトカーに乗りました。男を後部座席の右側に座らせ、私は男の左側に座りました。そして、「私たちは危険物の取締りをしているんです。持ち物を出してくれますか?」と告げて通称所持品検査箱（資料を入れる固い紙箱）を差し出しました。

そうすると男は自らポケットから大きめのドライバーを出してきたのです。運転免許証も所持しており、免許証から割れた氏名、生年月日で照会したところ、侵入窃盗の前科があることが判明しました。ドライバーの大きさを計測したところ、法令で定められた以上の大きさであったことから、その場で男を特殊開錠用具の所持の禁止等に関する法律違反で現行犯逮捕しました。

その日の午前中、次から次と侵入窃盗の出店荒らしの被害届があり、全て逮捕した男の犯行であり、押収したドライバーを使っての犯行だったのです。

このように二〇〇五年に国が侵入窃盗を減らし、検挙しやすくするために制定した特殊開錠用具の所持の禁止等に関する法律違反は職務質問からの所持品検査によって機能すると言ってもいいのではないでしょうか。

十二　別件からの強盗殺人未遂事件犯人の逮捕

ある日のこと、徳島市内から約十五キロ北西側に位置する板野警察署管内の住宅街で強盗殺人未遂事件が発生しました。事件の概要はこうです。

午後一〇時ころ、空き巣の犯人が一軒家に侵入して室内を物色していた。そこへ一人暮らしの六五歳の女性が買い物から帰宅した。帰宅した家人に見つかった空き巣の犯人は家人がか弱い女性であったことからタオルで首を絞めて失神させ、現金を強奪して逃走。その後、本当にたまたまであったが、犯人逃走直後に被害女性のお姉さんが被害女性方を訪ねてきた。呼んでも返事がなく様子がおかしいと感じたので室内に入ったところ、部屋が荒らされており、妹が失神しているのを発見。必死の思いで救急車を呼び、被害女性は病院に搬送された。女性は顔が大きく腫れあがり変色までしていたが、発見が早かったので女性は奇跡的に一命を取りとめた。

このような許しがたい凶悪事件であり、当然、捜査本部が置かれ、鑑識活動、聞き込み等懸命な捜査が行われたのですが、手掛かりが全くなく、捜査は困難な状態に陥ったのです。

事件から一週間後のことでした。私は自動車警ら隊のパトカーでいつもの通り、深夜にパトロールをしていました。午前三時三〇分ころ、徳島東警察署の西隣の徳島西警察署管内でひったくり事件発生との一一〇番通報が入りました。ミニバイクに乗った若い男が通行人のバッグをひったくって逃走したという内容でした。

当然ですが、私は相勤者と共に現場付近に急行し、被疑者の検索に入りました。現場及び現場周辺は機動捜査隊員、交番員、パトカー勤務員が多数臨場し、懸命に被疑者の発見、逮捕のために検索活動をしています。しかし、三〇分経過しても犯人の発見には至らず、現場周辺の通行者は警察官ばかり。私は三〇分経過した時点で、

「このひったくり事件だけでなく、どこでどんな事件が発生するかわからないから、この事件の検索活動は集まっている多数の警察官に任せて、主要幹線で待ち伏せ作戦をしよう」

と判断し、相勤者にその旨伝え、現場から離れて、徳島市中心の国道で不審車を発見して職務質問すべく、先に説明しました待ち伏せ作戦を実施しました。

待ち伏せ作戦実施中の午前四時二〇分ころ、

「常三島町インターネットカフェＦで無銭飲食事件発生。現場急行せよ」

との一一〇番指令が入ったのです。

インターネットカフェＦは待ち伏せ作戦の場所から約四〇〇メートルの地点。私は直ち

にインターネットカフェFに急行しました。約三〇秒で現場に到着し、店に入ったところ、店長とその横には、年齢三〇歳くらい、ボサボサ頭、無精ひげ、汚れ気味の作業服を着た半分浮浪者風の男が立っていました。

店長はその男を指して、

「料金五〇〇〇円を請求したところ、この人はお金を持ってないから払えないと言うのです」

と状況を説明してくれました。私は男に「お金持ってないのか？」と質問したところ、男はボソッと「持ってない」と答えました。

財布を持っていたので了承を得て確認したところ六〇〇円しか入ってない。そこで男に素性を聞くと、

「十日ほど前に大阪から徳島に来た。仕事はしていない。インターネットカフェを渡り歩いている」

と答えました。

名前と生年月日を聞き、無線で照会したところ、前科前歴はなかったのですが、その風

体や態度から本件無銭飲食以外にも何らかの罪を犯している可能性が十分あると感じられました。このような状況であったことから、私はその男を「無銭飲食の現行犯で逮捕する」と告げて現行犯逮捕しました。

数分後に現場到着した捜査員は男に「親戚や友人でお金を払える人はいないのか？」と聞きましたが、男はボソリと「いません」。捜査員は誰かに支払わせて事件化しない方針なのかと首を傾げました。

その後、男を捜査車両に乗せ、警察署に連行したのですが、男は連行途中に、

「あのう、実は僕は人を殺しました」

と自白したのです。

そう、その男が一週間前に板野警察署管内で発生した強盗殺人未遂事件の犯人だったのです。男は首を絞めた女性は死んでいるものと思い込んでいたのです。捜査の上、男を無銭飲食に加えて強盗殺人未遂の被疑者として通常逮捕することができました。

この事件、男には前科がないことから強盗殺人未遂事件の現場で指紋が採取されていたとしても被疑者の特定はできず、別件の無銭飲食で現行犯逮捕していなければ迷宮入りに

なっていた可能性もあるのではないかと思われます。

この一件から学ぶべきことは、ひったくりという許せない事件が発生した場合、当然、現場に警察官を集中させて被疑者の検索をしなければなりませんが、他の事件もどこで発生するかわからないので、現場に臨場したすべての警察官が、行き過ぎた長時間の現場周辺活動はしなくてもいいということと、別件の現行犯逮捕から重大事件、凶悪事件の逮捕、解明につなげることができるということです。

十三　無免許運転逮捕から覚せい剤使用逮捕へ

こうして過去の体験を思い出して書いていますと、ふと、こんな珍しい逮捕劇もあったなあと思い出しましたので紹介します。

パトカーで駅前ロータリー道路を警ら中、道路端にあまり手入れをしていない白色の普通乗用自動車が停車していました。運転席には中年の若干汚れた感じの男が乗車していました。

不審と感じたので職務質問しました。男に運転免許証の提示を求めたところ、免許証は持っていないということでした。持っていないということは無免許か免許証を忘れてきたのかのどちらか。

男に名前と生年月日を聞いて、無線で免許照会と総合照会をしました。そうしたところ、帰ってきた答えは「免許該当なし」すなわち無免許。そして、覚せい剤取締法違反の前科があることがわかったのです。

そこで、私は「あなた、免許持ってないということは無免許ですね？」と質問したところ、無免許であることは素直に認めました。そこで、「なぜ免許を持ってないあなたが運転席に座っているのか」と質問したところ、男は、

「いっしょに市内に遊びに来た連れ（友人）がここまで運転してきたのだが、買い物に行っているので待っているところだ。自分は普通免許を取ろうとしているので運転席に座ってみたかったから座っているだけだ」

と説明したのです。

私は直感的にこの男が運転してきたのではないだろうかと考えました。覚せい剤の疑い

もあるが無免許運転でも検挙しなければならないと考え、男に「じゃあ、連れが帰ってきたら、すぐに移動しなさい」と言って、一旦離れたのです。

男の車の進行方向には駅前交番があり、パトカーを駅前交番の駐車場に停車させて、交番に入りました。交番にいた若手女性警察官に対して、「すぐに私服になって張り込みをして、車が発信したら無線機で即連絡するように」と指示しました。

若手女性警察官は指示に従い、私服で張り込みを開始しました。そうしたところ、約一〇分後に無線で女性警察官から、その車が発進したとの連絡がありました。

私は当然ですがタイミングを見計らって、運転席の相勤者と共にパトカーを発進させ、道路を塞いでその車を停車させました。

その車の運転席側に駆け寄ったところ、当然ながら運転している男は職務質問した男でした。素早く、男を運転席から降ろし、無免許運転で現行犯逮捕したのです。

受持ち警察署に連行し、尿検査したところ、覚せい剤反応が出たので覚せい剤取締法違反の逮捕にも至りました。交通課にも刑事課にも貢献でき、さらに若手女性警察官にもいい体験をしてもらうことができたと共に表彰も差し上げることができたこと。良き思い出として心に残っています。

無免許運転や飲酒運転なら現行犯逮捕できます。そこから覚せい剤取締法違反等の別の犯罪の検挙につながる場合もあります。他にも交通違反の検挙から指名手配犯人の逮捕につなげたという体験もあります。参考にしていただければと思います。

十四　他県の県警に呼ばれて講演活動

広域自動車警ら隊の初代小隊長になってから三年後。私の編み出した検問による職務質問により警察官の数が二五〇〇人未満の小規模県警の中で犯罪検挙実績がトップになりました。

もちろん、私と共にやってくれた仲間がいたからできたものですが、それが警察庁にも大きく評価されたようで、他県の県警から職務質問の講演要請がくるようになりました。

だいたい、各県警とも八〇人くらいの地域警察官が集合してくれ、二日にわたっての講演でしたが、一日目は室内での講演、二日目は外に出て実践指導でした。その中で特に記憶に残っている思い出を二つほど記させていただきます。

F県警に赴いた際、一日目の私の講演を聞いてくれた二組の若手のパトカー勤務員が、その日の夜にさっそく、講演で私が伝えたとおりの職務質問を実践してくれて、その結果、それぞれ一件ずつの二件の凶器携帯の軽犯罪法違反を検挙してくれたのです。

翌日の講演のはじめにF県警の地域課長さんがそれを伝えてくれ、感謝されたこと。ありがたく心に残っています。

もう一つの思い出は、S県警に赴いて講演終了後、地域課の係長さんから、

「警視庁や大阪府警の職務質問指導官には何度も来てもらって、職務質問の講演をしてもらいましたが、皆（集合したS県地域警察官）は大都会と地方では街の状況が全く違うではないかと言って聞く耳もたないのですわ。でも宇野指導官は徳島県から来ていただき、同じ規模の県だから皆、話を真剣によく聞いていました。ありがとうございました」

と言ってくださったことです。

確かに私は大阪府警で一カ月、相良警部から実践指導を受けたのですが、それを参考にしながら条件の異なる地方の徳島県ではどうするかを考え、創意工夫しながらやってきま

した。それが生かされたのかと、思い出すと感謝の気持ちでいっぱいになります。

第3章

職務質問指導者以前の活動（交番勤務の重要性等）

私は職務質問指導者の広域自動車警ら隊小隊長以前は警察署のパトカー勤務、その前は交番勤務員でした。職務質問への道で私の警察人生は大転換を遂げさせていただけました。

これまで主に自動車検問を含む職務質問による検挙活動について述べさせていただきましたが、私がやってきた職務質問指導者以前の活動が意義のないもの、あるいは意義の弱いものかと問えば、決してそんなことはありません。

ワンパターンに陥らず、何でもやってきた私ですから、職務質問指導者以前に私がやってきた検挙活動等についても記させていただきたいと思います。

一　盗品自転車番号表を使っての自転車窃盗検挙活動

街頭犯罪で最も身近で最も多いのは当然ながら自転車窃盗事件です。全国的に二〇〇一年から二〇〇二年ころに最も発生件数が多かったと記憶しています。

一九八五年ころからコンピューターの発達により、交番に設置されたパソコンで窃取されている自転車の登録番号と車体番号を打ち出すことができるようになりました。当時、一人の駅前交番で勤務されていた五十代のＩ巡査部長が編み出した手法について説明します。

パソコンで打ち出した一年から二年間、県下で盗まれた自転車の登録番号、車体番号を白紙に打ち出し、手のひらサイズの手帳にしたのです。その手帳を盗品自転車番号表と呼びました。登録番号、車体番号はアルファベットはＡ、数字は一から順番に並んでいます。

Ｉ巡査部長は自転車あるいは徒歩でパトロールに出て、ゲームセンター、パチンコ店、カラオケ店、ボーリング場、駅等、多数の自転車を駐輪している場所に行き、自転車の登録番号、車体番号を確認し、手にした盗品自転車表の番号と合わせるのです。

番号が合致すればそこに駐輪されている自転車は盗品。すなわち被害届が出ている盗まれた自転車です。見つけると、サドルの埃等でその自転車が現在使われているか長期間放置されているかを判断します。誰かが使っている状態であれば、私服で張り込みをして、自転車を取りに来た犯人を捕まえるのです。

当時、Ｉ巡査部長の編み出したこの検挙手法が功を奏し、駅前交番のＡ巡査部長は部下と共に相当数の自転車窃盗犯人を検挙しました。当時、隣の交番にいた私も倣わせてもらってI巡査部長、部下と協力し合いながら毎月五～一〇件の自転車泥棒を検挙しました。

I巡査部長から伝授を受けた私は、いつの間にか盗品自転車を発見する達人になりました。ずらっと並んでいる自転車を片っ端から見ていったのですが、数秒で一台を確認できるようになりました。

この手法は当然ながら制服よりも私服。すなわち、制服の上にコートやジャンパーをかぶせるように着て盗品自転車を探した方が気付かれる可能性が低いので効果は高いということは言うまでもありませんが、無理なら制服でもいいでしょう。

ただし、張り込みは当然、私服です。そして、駐輪している盗難自転車を何者かが取りに来たら即、駆け寄ってはいけません。サドルに座り、わずかでも走り出してから呼び止めます。

そうしなければ否認されやすいからです。そして、早期に名前を聞き、自転車の所有者と違うことと、その自転車が被害届の出ている自転車であることを告げて質問、追及します。

また、この手法で盗品自転車を発見し、被疑者を検挙しようとしまいと被害者に返してあげることは素晴らしい活動です。被害者は犯人を捕まえてほしいという思いも当然ありますが、それ以上に自動車を取り戻したいという気持ちで被害届を出すのです。盗品自転車を被害者に返してあげることで当然、感謝されますし、警察への信頼を高め、協力者を増やすことにもつながります。

しかし、昨今、自転車の盗品番号であっても警察情報を持ち出してはいけないという考え方が強化され、この検挙手法ができなくなっているようです。残念なことだと思います。

二　飲酒運転取締り

職務質問指導者以前の私がよくやってきたのが飲酒運転取締りでした。二〇〇七年に飲酒運転は罰職が強化されたことと警察官の取締りによって飲酒運転はずいぶん減少しましたが、それでも飲酒運転による悲惨な交通事故は後を絶ちません。

やはり、飲酒運転の取締りは今でも重要です。交番勤務、パトカー勤務をしていたころ、私は自動車検問で多くの飲酒運転を検挙してきました。私がどのような手法で飲酒運転を検挙してきたかについて説明します。

夜間なら何時でもいい。交通量の結構多い国道でもやろうと思えばやれます。走行して来る車両を停車させるためには長さ約八〇センチメートルの停止灯（停止棒）を使います。

車両のスピードにもよりますが、安全に停止できる距離の限界まで接近したところで正面に出て停止灯を点滅させて大きく左右に振り、ブレーキをかけてスピードが緩まったところで車両の運転席側（左）に移動し、停止灯を運転者の正面に差し出して停車させます。

停車すれば素早く運転席側に近寄り運転者に対して「飲酒運転の取締りをしています」と告げて、あればアルコール検知機を差し出して「フーッと息を吹きかけてください」と告げて息を吹きかけてもらいます。

当時、私が使用していたアルコール検知機だと息にアルコールが含まれていれば赤色のランプが点灯するようになっていましたので、点灯すれば直ちに降車させ、パトカーの後部座席にて正式にアルコール検知します。

対象者が運転席に座ったまま長時間対話すると、突然逃走する恐れがあるのでアルコール量はわからなくても、飲酒していることが明らかであれば、逃走防止のために早期に降車させるか、エンジンを停止させることが重要です。

アルコール検知で呼気一リットル中〇・一五ミリグラム以上のアルコール分が検知されたら、酔いの程度を質問の受け答えと、歩行検査によって判断し、酒気帯び運転か酒酔い運転かを判断します。

歩行検査で真っすぐに歩けるようであれば酒気帯び運転。ふらついてまともに歩けない状態なら酒酔い運転となります。酒酔い運転なら基本、現行犯逮捕、酒気帯び運転なら任意で赤切符処理します。

昨今、自動車検問は助手席側から止めて助手席側から質問するか、停止したら車両の後方から運転席に回るように指導教養されていると聞きますが、助手席側から停車させればアルコールのチェックが困難になりますし、車両の後方から回って運転席に近寄れば、運転者から目をそらせることになり、逃走、証拠隠滅の可能性が高まるので、やはり運転席側から停車させるのがよいでしょう。

もう一つ、停車車両の後方から運転席に近付くということは車両の後方を横切るということなので、急にバックされたら大怪我、最悪殉職の可能性があり、その点でも運転席側から停車させるのがよいのではないでしょうか。

当時、私はこの自動車検問で一年間に数十件の飲酒運転を検挙してきました。一年に一〇〇件以上の飲酒運転を検挙したこともあります。当然とも言えますが、無免許運転も多数検挙してきましたし、先にも書きましたが、後にはこの自動車検問を発展させて凶器類、薬物の検挙、児童福祉法違反、青少年健全育成条例違反等の検挙にもつなげてきました。

三　盗品自転車番号表を活用した自転車検問

盗品自転車番号表を使って盗品自転車を発見し、張り込みで検挙する手法を先に説明しましたが、それを発展させて私が編み出した手法が盗品自転車番号表を使って自転車窃盗犯を検挙する自転車検問です。

通行量も勘案しなければなりませんが、自転車が適度に走行している道路で停止灯と盗品自転車表を手にして立番します。走行して来る自転車の運転者に対して停止灯を差し出して停車させます。

そして、運転者に、

「すいません。自転車検問しています。番号確認させてください」

と申し向け、手にしている盗品自転車番号表の盗品番号と自転車の番号を合わせるのです。合致すれば盗品に乗っていることになりますから追及します。

また、合致しなくても運転者の態度、動作、言葉などで不審と感じれば無線で盗品及び所有者紹介を実施し、運転者の氏名と合致するかどうかを確認し、異なれば追及します。

何の不審点もなければ、数秒で確認した後、丁寧に心から感謝の意を表し、発進してもらいます。多くの後輩もこの手法をやってくれて、相当数の自転車窃盗、占有離脱物横領の検挙につながりました。

しかし、昨今、先にも記載しましたように盗品自転車番号表の持ち出しを禁止したり、厳格化したことから、ほとんどの地域警察官は盗品自転車番号表を持たなくなってしまいました。よって、私が後輩に伝承しながらやってきた自転車検問をやる地域警察官がほとんどいなくなってしまいました。非常に残念です。

第4章 地域警察官に言いたいこと

一　雨が降ろうが風が吹こうが警らに出る

当時、私は一人勤務の市内の交番で勤務していました。私は交番の中で待機するのは好きではなく、雨の日でも風の日でもなるべく外に出て警らしていました。

八月のある深夜の出来事でした。その日は台風が接近し、外は猛烈な風雨。交番警察官は皆、交番内で待機しているような状態でした。しかし、私は書類作成を終えてから隣の交番の若手警察官二人に声をかけ、雨衣を着て三人でオートバイ警らを実施しました。

そして、台風がやっと遠ざかり、風は強いものの小雨になってきた午前二時ころのことでした。オートバイで管内の市道を走行していたところ、一〇〇メートルくらい前方で街頭に照らされた二人の子供のシルエットが見えたのです。

「台風の日のこんな時間にどうしたんだろう」

私たちは急いで近付きました。そこには二人の男子小学生がいたのです。一人は小学校六年生、一人は四年生の兄弟であることが判明しました。

「君たち、こんな時間に何してるんだ？」と質問したところ、小六の男の子が驚くべきことを言ったのです。後方を指さして、「あっちで火が燃えよる」。

「どういうことだ？」私は若手警察官の一人に二人の小学生を止めておくよう指示し、オートバイで小学生があっちと指示した西方に急行しました。

そうしたところ、約三〇〇メートル進行した所で火災を発見したのです。スーパーマーケットのビニール製のひさしの部分がボーッという音を立てて猛烈に燃えていたのです。すでに屋根の一部分に燃え移っている。このままでは建物全体に燃え広がる。

付近は住宅街であり、近隣の民家にも延焼するおそれがあるという状況だったのです。当然ですが、私は携帯無線機で状況を報告し、消防隊の臨場を要請しました。

あっという間に臨場してくれた消防隊員が消化してくれ、短時間で鎮火させることができました。

しかしなぜ、この火災が起こったのか。臨場した捜査員と共に小学生の兄弟から聴取したところ、二人はスーパーマーケットの倉庫の前に積み上げてあった段ボール箱にライターで火をつけて遊んでいたところ、燃え上がって消すことができなくなり、怖くなってその場から逃げ、帰宅途中だったということが判明したのです。

今思い出しても、あの日、台風の中でも交番で待機することなく、オートバイ警らに出ていて本当に良かったとつくづく思います。

深夜、台風の中でも若手警察官と共にオートバイ警らに出ていなければ、間違いなくスーパーは全焼。付近の民家にも延焼して大火災となり、死者も出ていたのではないかと思われます。しかも、原因はわからずじまいに。

この一件は私の長い警察人生の中で、一事案としては最大の貢献ができた一件だと思います。ただ一言小言を言わせてもらえば、この一件は犯罪の検挙にはならないから表彰してもらえなかったことです。

私は犯罪検挙で多くの表彰をもらっているのでかまわないのですが、いっしょにオートバイ警らしてくれた二人の若手警察官には表彰してほしかったと思います。

この一件でもう一つ小言を言わせてもらうならば、全てではありませんが、初動待機と称して交番で待機する地域警察官が結構多いということです。

一一〇番に備えて交番で待機するのは止めて、どんどん外に出て警ら活動をし、自分の目で事件や事故に関係する事象や人物を発見し、解決する。そんな意気込みを持って崇高なる任務を遂行してもらいたいと思います。

二　地域警察官の使命の一つは市民への奉仕活動

地域警察官の任務は事件事故に向き合う仕事。それも住民への奉仕活動と言えますが、厳しい奉仕活動と共にふれあいの奉仕活動も貴重な仕事だと思います。

巡回連絡で各家庭を訪問し、相談事をお聞きしたり、犯罪予防を呼びかけたりするのもふれあいの奉仕活動ですが、私がやってきたのは保育園、幼稚園、小学校の児童に対してやってきた交通事故防止、水の事故防止、誘拐防止の紙芝居でした。

交番勤務だった私は夏休み前に受持ちの幼稚園を訪問し、園児たちに夏休みの事故防止を呼び掛けていたのですが、ある日、幼稚園の園長先生から「絵があったら、より子供たちに伝わるのですがね」と指摘を受けたのです。

それなら実行してみようと思い立った私は絵の素養のある妻にも手伝ってもらって非番、労休日に交通事故防止、水の事故防止、誘拐防止の絵を画用紙に描き、絵を入れる木枠は当時、防犯連絡所をされていた木工業の御主人に頼んだところ、快く引き受けてくださり、見事な木枠を作ってくれたのです。

そして、私は毎年、夏休み前になると幼稚園等の都合もお聞きしながら、非番・労休日にも事故防止紙芝居をやってきました。

ある日、ある保育園の園長先生から冊子が郵送されてきました。見ると私が紙芝居をしている写真と子供たちが熱心に聞いている写真。そして、子供たちの感想が手書きで書かれていました。

・おまわりさん、おはなしにきてくれてありがとう。これからは、こうつうあんぜん、みずのじことか、わるいひとがきたら、ああやって、こうやって、じぶんのいのちをまもっていかなあかんとおもいました。　しおん

・みずのじこと、こうつうじこや、あぶないおはなしをしてくれて、ありがとうございます。みずのじことか、こうつうじこにあわんようにしていきたいです。たいせつなことをまもります。ぼくはおまわりさんがかっこいいとおもいました。　だいじろう

・おまわりさん、ありがとう。どうろのとこであそんだり、せんろのこととか、みずのじ

ことか、ぜったいにせんようにする。またきてね。　ひなり

うれしくて、申し訳なくて涙が出ました。

この活動が私の中に犯罪や事故から子供たち、善良な住民を守りたいという意志を保たせ、強めてくれたと、今思うと感謝の気持ちでいっぱいになります。

子供たちへの事故防止紙芝居をやり続けたことで、定年退職前に日本善行会から善行賞を受賞させていただけたのは一生の思い出です。

三　短距離走の重要性

警察学校や機動隊では声を上げて長距離を走る訓練をしています。それも重要なのですが、短距離の訓練がやや少なすぎるのではないかと感じています。逃走する犯罪者、交通違反者を現行犯逮捕する、あるいは任意でも検挙する場合に必要なのは長距離ではなく、短距離です。

大阪府警で恩師・相良警部から職務質問委託研修を受けていた際に、職務質問しようと

した男が走って逃走した事案がありました。大阪府警の自動車警ら隊員は直ちに走って追跡。

約一〇〇メートル走ったところで追いつき、肩に手をかけて停止させました。その男は逃走途中、ポケットに入れていた覚せい剤を捨てましたが、捨てているところも、きちっと現認。覚せい剤取締法違反の現行犯で逮捕しました。

私は体力にはある程度自信がありましたが、さすが大阪府警の若手の自動車警ら隊員の体力。とりわけ短距離走の強さには感服しました。

私自身も自県の交番勤務、パトカー勤務で何度か逃走した被疑者を短距離走で追い付き、検挙したことがあります。市内中心街の交番勤務をしていた時ですが、午前二時ころのことでした。

交番前の道路で一人で自動車検問していたのですが、歓楽街から走行して来た車を赤色停止灯を振った後、運転者の前に差し出して停止させ、運転していた若い男に免許証の提示を求めて質問していたところ、突然、助手席に乗っていた二〇歳くらいの男が助手席ドアを開けて外に飛び出し、逃走したのです。

私は直ちに追跡し、約五〇メートル走ったところで追いついて肩に手をかけて停止させました。相手はゼーゼーと苦しそうでした。男の吐く息からはシンナー臭が感じられ、追及したところ、シンナーを吸引していたことが判明。毒物及び劇物取締法違反で検挙しました。

また、これも深夜の自動車検問ですが、一台の車両を若手の交番員が停車させて質問していたところ、次の車両が約三〇メートル手前で急停車したかと思えば、運転席から男が降車し、走って逃走したのです。

私は直ちに走って追跡。これは相手も脚力があり、なかなか追いつけませんでしたが、それでも約二〇〇メートル走ったところで何とか追いつき、背負っていた小型リュックサックに手をかけて停止させました。

案の定、飲酒しており、飲酒検知の結果、基準値を大きく上回っていたことから酒気帯び運転で現行犯逮捕しました。男は大学生でした。

こうして、当時を思い出していると次々と思い浮かんでくるのですが、こんなこともありました。午前〇時ころのことでした。オートバイで警ら中、ゲームセンターの前で停めた原付の前で少年二名が話しをしているのを発見しました。深夜であったことから、職務質問すべく近付いたところ、気付いた少年二名は突然、ゲームセンター横の細い路地を北に向け走って逃走したのです。私は乗車していたオートバイから飛び降り、走って追跡しました。

少年らは行き止まりになったところの用水路に飛び降り、這ってトンネル状態になっているところに隠れようとしたのですが、そこに追いついて二人を用水路から引き揚げ質問したところ、停めていた原付は盗んできた旨自供し、窃盗（オートバイ盗）の被疑者として検挙しました。

このように現場の警察官には、それだけではないのですが、大事なところでは走力が必要です。警察学校や機動隊では、よく号令をかけて大声を出して長距離を走る訓練をしていますが、犯人を捕まえるためには長距離よりも短距離が重要なのは火を見るよりも明らかではないでしょうか。

長距離も体力と団結力を鍛えるという意味では重要ですが、警察学校と機動隊では短距離を重視した訓練も必要かと思います。私の体験では短距離よりは長距離を重視していたので、短距離をもっと重視する訓練をしたらどうかと提言させていただきます。

四　逮捕術と警備訓練の重要性

現場で仕事をするために重要な短距離走と同時に重要なのは逮捕術です。
私は職務質問の指導者と合わせて逮捕術の指導者でもありました。ちょっと自慢話になってしまいますが、私は逮捕術の全国大会に五回出場しています。同階級で二回までという規定ができたので五回出場というのは全国的にも珍しいでしょう。一九九五年一一月に行われた全国逮捕術大会に監督兼選手で出場。三九歳で出場した最後の大会で三位になり、徳島県警初の快挙でした
一九九五年、その年の三月二〇日には地下鉄サリン事件が発生し、三月三〇日には国松長官が何者かに狙撃され、一命は取りとめたものの瀕死の重傷を負われました。その国松長官が逮捕術大会に松葉づえをついて来られていました。本当によく生還されたと涙が出ました。三位になったことから私は国松長官から銅メダルを首に掛けてもらったのは一生

の思い出です。

それから数年後に徳島県警において初発足した広域自動車警ら隊の初代小隊長に着任した私は、特徴的である凶器類の取締りに従事し、大きな成果をあげたことは不思議なご縁を感じる次第です。

さて、現場での逮捕術の重要性を知っていただくために私の体験談を記させていただきます。

事例一

私が二四歳の時に日本の三大秘境と言われる東祖谷山村の駐在所で勤務していた時のこと。そんな地域にも暴力団の準構成員Tがいました。深夜の午後一一時ころ、Tの奥さんから「今、夫が包丁を持って、Kさんを殺してやると言って車で出ていきました」との電話がかかってきました。

私は隣の駐在所のF先輩と一緒にパトカーでK宅に急行しました。その途中、一台の普通乗用自動車とすれ違ったのです。見ると運転しているのはT。怒りの表情で額には血が付いている。運転していた私はUターンして追跡したのですが、狭い山道であったことからUターンに時間がかかり、相当距離が離れてしまいました。

約二キロ走行した地点の駐在所を通り過ぎた所でTの車が停止し、Tが降車していたのを発見。手前でパトカーを停止させようと減速したところ、助手席に座っていた勇敢なF先輩は警棒を手にして停車する前に助手席から飛び降り、大声で「お前、何してんだ」と歩み寄ろうとしたところ、Tは懐から包丁を取り出し、F先輩に切りかかってきたのです。

F先輩は警棒でかわしながらも後ずさり。私は運転席から飛び降り、必死の思いでTに駆け寄り、斜め横からタックルをかけて倒し、すぐさま立ち上がり、左足で顔面蹴り。Tは失神しましたが、すぐに意識を回復したので、私は「殺人未遂と公務執行妨害で現行犯逮捕する」と告げて逮捕しました。

刃体の長さ約一五センチメートルの包丁は道路上に落としていたのですが、身体送検したところ、懐にはもう一本の包丁を所持していました。暴力団準構成員はまさかの時に備えて、予備の包丁を持っているものだということを学ばせてもらいました。F先輩の上衣の一部は裂けており、危機一髪状態でした。

この体験。Ｆ先輩が警棒を手にしていなければ致命的な負傷をしていた可能性があり、私がタックルの直後に的確な顔面蹴りを入れてなかったら、逮捕に手こずり、負傷していたかもしれません。

事例二

もう一件、逮捕術が生かされた事例を記させていただきます。精神を病んだご主人をご家族が精神病院に入院させようとして精神病院に連絡し、病院の職員が家に来てご主人を説得しようとしたところ、台所から包丁を持ち出して振り回して、暴れだしたのです。家族は家から飛び出して一一〇番。

多数の警察官がその家に駆けつけました。私も駆けつけました。ご主人は二階の部屋で包丁を持ってイラついた表情で歩いているのが、開いている引き戸から見えました。

お隣のベランダを借りて、そこから刑事課長が入院に応じるよう説得を続けたのですが、ご主人は「ぶち殺してやる。来るなら来い」と大声を出して二階の部屋でうろついています。

誰かが行かなければならない。逮捕術の指導者でもあった私が行くしかないと決断し、私はパトカーに積んでいた大盾を持ち、屋根を伝って、二階の開いている引き戸から飛び込み、盾を前にして突進し、突き倒しました。

すぐ後から飛び込んできた先輩の刑事さんが倒れたご主人が持っていた包丁を叩き落として保護。無事、精神病院に入院していただくことができました。

この事例は逮捕術にプラスして警察学校と機動隊で訓練した大盾操法が役に立ったことは間違いありません。他にもいくつかありますが、現場では走力にプラスして体力と逮捕術と警備訓練の必要性を実体験していますので、後輩警察官はその重要性を認識して、普段から走力、体力、逮捕術等の訓練を欠かさないようにしていただきたいと切に願います。

五　登録番号は一瞬で記憶せよ

警ら活動をしていますと、当然ながら、交通違反車両、不審車両に出くわします。警察官はそれらの車両等を停車させて検挙したり、職務質問したりしますが、時に逃走されて見失ってしまうこともあります。また違反車両等が対向車輛で、すぐには停車できないこともあります。

そういう場合は、無線で手配しなければなりませんが、車両を特定できるものは、言うまでもなく登録番号であり、無線で手配する場合、登録番号が最大に重視されるのは当然です。ということは、警察官は車等の登録番号を一瞬にして記憶する能力が求められます。

そのために、どのようにして一瞬にして記憶するか。私が編み出し、やってきた方法を紹介します。まず大事なのが登録番号の四桁の数字です。四桁の数字と車種と色で九九・九パーセント特定できます。通常記憶する時は、例えば１３４０なら（いちさんよんぜろ）と記憶するので八文字になります。

それを四文字の（いさよれ）と記憶すれば四文字（いちさんよんぜろ）と記憶して、しばらく誰かと会話すれば忘れてしまいますが、（いさよれ）と記憶すれば、しばらく会話しても（いさよれ）は記憶を蘇らせることができます。この原理を利用して車両の登録番号を見た瞬間に（いさよれ）と記憶するのです。

四桁を記憶した次はひらがな、次には上部の小文字の数字、そして最後に地域の漢字とひらがなを並べて記憶するのです。地域の漢字かひらがなは県等のイメージで記憶させます。数字の0は（れ）、1は（い）、2は（に）、3は（さ）、4は（し）、5は（ご）、6は（む）、7は（な）、8は（は）、9は（く）と読むようにします。

この方法で交通違反の逃走車両を素早く手配して検挙に至ったこともありますし、手配された容疑車両を発見して検挙に至ったこともあります。

これは私が編み出した方法なので、さらに創意工夫して新たな手法を編み出すことも可能かと思います。参考にしてください。

六　逃走事案は交通違反で現行犯逮捕

午前○時ころのことでした。市内の歓楽街を警らしていたら一方通行道路を逆走している白色の普通乗用自動車を発見しました。交通違反なのでパトカーを接近させ車載マイクで停止を求めたところ、その車は停止しかかったのですが、突然加速し逃走したのです。

私は運転の相棒と共に直ちに追跡。サイレンを鳴らし、赤色回転灯を点灯させ、車載マイクで「止まりなさい」と呼びかけながら追跡しました。

逃走車両は約三キロ走ったところで、工場、倉庫等が並ぶ川沿いの地域に入り、左の路地に入れば行き止まりになっている路線で、私たちは一つの戦略として、私たちが見失ったと思わせようとして距離を空け、赤色灯と前照灯を消しました。

その戦略は成功し、逃走車両は隠れようとして左の路地に入ったのです。私たちはパトカーを加速させて左の路地に入りました。そうすると逃走車両は行き止まりのコンクリート壁に阻まれて停止していました。

私は急いで助手席から飛び降りて運転席に駆け寄りました。運転席のドアを開けて、エンジンキーを回してエンジンを切りました。運転席には中年のチンピラ風の男。助手席には中年の女性で顔を隠そうとする。怪しい。

無免許運転の可能性もあったため、運転の男に免許証の提示を求めたところ、免許証は持っていました。名前と生年月日を確認したところで、逃走直前に一方通行を逆走していたことから、私たちは、まずは男を道路交通法違反で現行犯逮捕したのです。

その後、指名手配の有無等を確認するために照会センターに無線で確認したところ、なんと他県から指名手配されている被疑者であることが分かったのです。指名手配の内容は多額の詐欺事件でした。

応援を求め、受け持ち警察署に連行。同乗の女性も同行しました。男女とも薬物中毒の症状もあったので尿検査したところ、両名とも覚せい剤反応があり、女性も逮捕することになりました。

このように、逃走事案については、早期に身柄を拘束する必要があるので通常の交通違反でも現行犯逮捕することが大切だということです。そこから次々と重要事件が解明されてゆくこともあるのです。

もう一件、お伝えしたいことがあります。不審車両を停止させようとしたところ、逃走したのです。パトカーで追跡中、信号無視を繰り返しましたが、同逃走車両は渋滞の信号交差点で停止せざるを得なくなったのです。

パトカーの助手席から直ちに降車した私は、運転席に駆け寄り、ドアを開けようとしましたがロックされていました。運転席の男に対して、大声でドアを開けるよう呼びかけましたが、無視して応じませんでした。

　こんな時はどうするべきか。私は所持していた金属製特殊警棒の取手側の先端で窓ガラスを叩き割ってドアを開け、運転席の男を引きずり出し、「信号無視で逮捕する」と告げて道路交通法違反で現行犯逮捕しました。

　運転席の窓ガラスを割る逮捕劇は、私にとって初めての体験であり、運転席の窓ガラスを叩く際、一回目は若干ゆるく、二回目は相当強く叩きましたが、それでも割れず、三回目は思いっ切り強く叩いてやっと割れました。しかし、手首をガラスで切ってしまい、相当出血しました。今も傷跡は残っています。

　私は窓ガラスの中心部を叩いたのですが、専門家に聞くと中心部よりも端の方を叩いた方が割れやすく、怪我も防止できると聞きましたので参考にしていただければと思います。

七　無線での総合照会は現場でせよ

　一つの体験として、こんなことがありました。警察署のパトカー勤務だった時のこと。

原動機付自転車で走行していた中年の男性を発見したのです。私は車載マイクでその男性に停止を求めたところ素直に停止しました。

当然、交通違反で切符を切ったのですが免許証を見たところ、本籍、住所が他県であり、聴取したところ、最近引っ越してきて住所変更していないとのことでした。

一見、普通の会社員風の男性だったのですが、少し違和感のようなものを感じたので、パトカーから降りて携帯無線機で警察本部照会センターに、男性の氏名、生年月日で総合照会したのですが、返ってきた答えは多額詐欺事件の指名手配被疑者だったのです。よって警察署に同行し、刑事課員の協力を得て人定事項を明らかにしてから通常逮捕しました。

このように、私が逮捕した指名手配被疑者は全て手持ちの携帯無線機での照会によるものです。何か違和感のようなものを感じれば、積極的に対象者がその場にいる状態で名前と生年月日で照会することの重要性がここにあります。

ある先輩の警察官から「交通違反を切符処理で検挙して、警らから警察署に帰ってから電話で照会したら、指名手配被疑者との回答があって頭をかかえたことがある」と失敗談を聞かされたことがあります。

幸い、その指名手配犯は住所を把握していたことから逮捕に至ったということでしたが、場合によっては対象者が現場にいる時に照会しなかったことから指名手配犯を取り逃がしてしまうということも考えられるので、交通違反からの職務質問でも若干でも違和感があれば、その場で照会することは重要だということを認識していただきたいと思い、ここに記させていただきました。

八　初動待機より警ら活動を重視せよ

警察では初動待機という表現があります。初動とは事件や事故の一一〇番指令や直接、交番等への届け出があれば、早期に現場に臨場して対応することです。

初動対応は最も重要な仕事の一つでありますが、初動待機とは事件や事故に備えて交番等で待機するということです。

初動待機と聞けば、重要な任務を果たしているように感じますが、受け持ち管内で事件や事故が発生しなければ交番で待機しているだけということです。全てではありませんが、交番のベテラン巡査部長の中には初動待機と称して交番で待機するだけの仕事ぶりの人がいます。できるだけ若手警察官をそばに置いて。

こんなことを経験しました。警察署のパトカー勤務をしていた時でした。交番勤務の警察学校を卒業して半年くらいの若手警察官Ａ巡査が私に「宇野係長、今度、自動車検問教えてください」と言ってきました。

なかなかやる気のある若者だと思い、Ａ巡査を誘って自動車検問しようと、相勤者と共に深夜の午前○時ころパトカーで交番に行きました。

交番内にはＡ巡査の他に若手のＢ巡査、Ｃ巡査、ベテランのＤ巡査長、そして交番ブロック長と呼びますが、まとめ役のＥ巡査部長が何をするわけでもなく待機していました。

私はパトカーを止めて、相勤者といっしょに交番に入り、Ａ巡査に「今から自動車検問するから、いっしょにやろうや」と言ったところ、Ａ巡査は起立して敬礼し、「よろしくお願いします」礼節をわきまえた新人らしい態度。

私は一人だけ誘ってはいけないと思い、Ｂ巡査にも「お前もいっしょに検問やろうや」と言ったところ、右手を顔の横にかざして「けっこうです」と断ったのです。Ｃ巡査もＤ

巡査長も断り、最後にブロック長のＥ巡査部長は「わしもけっこうやけん。その代わりＡ巡査を出すけん」とブロック長たる自分の権限でＡ巡査を出すと言ったのです。

Ｅ巡査部長は私と同じ五五歳だが後輩で階級も下だから部下になる。私は若干ムカついたのですが、Ａ巡査だけを誘って、一時間ほど自動車検問を実践指導しました。

そして、翌々日の朝の朝礼の場で立ち上がり、「Ｂ、Ｃ、Ｄお前ら二〇代で五五のおっさん（私）の言うことが聞けんのか。いいかげんにしろ」と怒鳴りつけたのです。そうしたところ、ブロック長のＥ巡査部長が真っ赤な顔をして立ち上がり、私の所へ歩み寄ってきて、目の前でこう言ったのです。

「わしが指揮して初動待機してるんや。何が悪いんや」

私も怒って、

「お前、午前〇時言うたら警らに出とかないかん時間やろが」

と言い返しました。

そうしたところ、Ｅ巡査部長は、

「わしが指揮しとんや。何が悪い」

しばらく押し問答したが、最後にE巡査部長の本音

「自動車検問なんかして、もし事故したら、どない責任取ってくれるんや」

私、

「事故なんかするか」

E巡査部長、

「するかもしれんやないか」

そこへ、信頼している後輩の巡査部長が「まあ、先輩、この辺で」と割って入ってくれて、なんとか矛を収めました。

結局、E巡査部長の言い分は、

交番のブロック長をしている自分が指揮して皆で初動待機している。そこへ、私が邪魔しに入ってきた。自動車検問なんて事故するかもしれない危険な仕事をさせようとしても応じないぞ。

と言うこと。まあ、現場ではこんなことが起こっているのです。

この事例でわかるように、もちろん全てではありませんが、ベテラン巡査部長の中には

交番で若手警察官をそばに置いて初動待機していたいのです。若手をそばに置いていたら、何か事件事故が発生しても「お前行け」と若手に行かせたら自分は安全。被害届や相談があれば若手に受けさせれば楽できる。そんなベテラン巡査部長を警察では権造（ゴンゾウ）と言います。

ゴンゾウとの思い出話をあと二つほど紹介します。私が三八歳の時でした。私は市内歓楽街を受け持つA交番で勤務していました。午前四時ころ、一人でオートバイ警らをしていたところ、駐車場から出てきた車の動きを見たところ、若干ふらつきがあったので手を差し出して停止させ、職務質問しました。そうしたところ、運転していた会社員風の男は飲酒していることが明らかとなったので、飲酒検知することにしました。

助手席には同乗者もいて相手は二人、こちらは一人なので抵抗されたり、逃走される恐れもあったので、無線機で交番で待機していた二十代の若い警察官二人に応援を求め、現場に来てもらいました。

三人で飲酒検知したところ基準値を超えていたので、酔いの程度を確認する検査をし、酒気帯び運転と認め、赤切符処理しました。そうして、午前五時ころに交番に帰ったところ、四十代ゴンゾウ巡査部長がイラついた顔をして待機していました。そして、私にこう言ったのです。

「わしらの休憩時間、どなんしてくれるんや」

すなわち、休憩時間に寝ていたのに無線で応援を求められて起こされた。休憩時間だったのに休憩時間を奪われた。どう責任取ってくれるのかと言うことです。

そして次にこう言ったのです。

「あんた（私）は外に出て自転車泥棒や飲酒運転捕まえて、表彰もらえて、上に評価されて、ええのお。わしは交番を守っとんや」

どういうことかというと、交番から外に出て警ら活動をして、窃盗犯人や悪質交通違反を検挙しているあんた（私）は目立ちたがりの欲深い人間だ。それと比べて、俺は交番の中にいて交番を守るという、重要なのに地味で評価されない仕事をしているんだということです。

彼は五歳年上の先輩だったので普段は遠慮していましたが、この時ばかりはブチ切れて、

「おまえ、いつでも代わったるわ。交番守ったるけん、おまえが外にでて捕まえてこい」

と怒鳴りつけました。彼は言い返すことはできませんでした。

もう一件。この章の二で、私は奉仕活動として、幼稚園児や保育園児に対して交通事故防止、水の事故防止、誘拐防止の手作り紙芝居をして回ったことを紹介しましたが、ある日、山間部の幼稚園で紙芝居をしたのですが、それを知った一人のゴンゾウ巡査部長が激怒したのです。彼が私に何と言ったか。

「わしの受け持ち区で勝手にやりやがって」

彼は私が紙芝居をした幼稚園を受け持ち区に持つ駐在所の巡査部長だったのです。ですから私が彼の許可を得ずに勝手にやったのは許せないということです。

ゴンゾウ巡査部長はプライドだけは高いのです。

ここで、作者不明のゴンゾウについての手記を紹介したいと思います。私がA巡査部長と自動車検問のことで大喧嘩するという苦々しい体験をした一ケ月後のことでした。

二四時間勤務を終えて、着替えのためにロッカールームに入り、自分のロッカーの上に鞄を置いて着替えた後、ロッカーの上に置いていた鞄を下ろしたところ、一枚のA四の用紙がひらひらと落ちてきたのです。何の用紙だろうと取り上げてみたところ文章が打ち込まれていました。見てみると、「権造について」と題した作者不明の手記でした。

「権造について

権造とは次のような警察官をいう。

権造は太っている。食べたいものを食べ、飲みたいだけ酒を飲み、運動することもないから太っている。太っているから動きたがらない。一一〇番が入っても交番に居たがり、たまたまパトカーがいれば、いそいそと後部座席に乗り込む。権造は若い警察官と組みたがる。若い者と組めば、現場に行かなくてもいいし、早く寝られるからだ。

権造は夏が苦手だ。なぜなら、太っているから汗をかきやすく疲れやすいからであり、夏の間はクーラーの前から動かない。交番の前に一歩出ることでさえ躊躇する。ならば冬は活発に動くのかというと、冬は寒いからという理由でストーブの前から動かない。まるで岬の灯りを守る防人のように動かない。動いてないのに、夜食は人並み以上に食べる。せめて夜食くらい自分で買いに行けばいいのに、それさえも若い警察官に行かせようとする。そして、食べたら布団の中に滑り込む。いったい何のための夜食だったのか。

権造は、人前に出たがらない。必ず、誰かの後ろに立ちたがる。自分に自信がないから人前に出ろと言われると尻込みする。何の実力もないことを皆に知られることが怖いのだ。そのかわり、責任がない所での発言は痛烈であり、時に論理的ですらある。他人の失敗を分析し、自分だったらこうすると悠々と語る。まるで理想の警察官のように自分のことを誇示するくせに、荒れた現場では常に安全な場所にいる。そして、気が付くと交番に帰っている。

権造は頭も悪い。ここでいう頭が悪いとは、聡明ではないということであり、学歴とは関係がない。聡明とは、一つを言うと十分かる人のことをいうが、権造は十のことを言っても半分も分からない。自分の欲求を満たすこと以外に興味がないから感じることも考えることもできない。警察官が聡明であるためには、思いやりの心がなければならない。思いやりとは、相手の立場に立って物事を考えることのできる「心の力」のことだ。相手の立場に立つことのできる人は、第三者の立場に立って全体を見ることもできる。

例えば、目の前で、人が転ぶと、権造は「馬鹿な奴だ」と笑うだけだが、聡明な警察官は、「ああ痛いだろうな」と心を痛める。そして、血が出ていることに気付き、救急絆創膏を持っていないかとポケットを探り、助けてあげようと駆け寄る。たったこれだけことを、権造はしない。できないのではなく、気付かない。困っている人を助けることは警察官として当然の仕事なのに「自分には関係ない」と思ってしまう。なぜか。それは思考法を一つしか持っていないからだ。

自分の欲求を満たすことしか考えないから、人の痛みを感じることができず、その結果、自分がするべきことに気付かない。そして、その「権造」が自分のことだと決して思わない。人のことを自分に置き換えて考えることができないから反省することができない。反省できないから進歩もない。この文章を読んで、誰かの顔が浮かび、笑った者こそが権造であるかもしれない。

以上、自戒の念を込めて」

私にはできないみごとな表現で権造の実態をあらわしていました。ただ一つだけ反論するとすれば権造は確かに太っている者が多いけれども、痩せている権造もいれば中肉の権造もいるということです。

若手警察官はゴンゾウ巡査部長の初動待機指示に従うことなく、仲間と共にその場その時に応じて、オートバイ警ら、自転車警ら、徒歩警らをせよと言いたいです。そして、積極的に職務質問、自動車検問、自転車検問を行って、結果を出してほしい。

もちろん、警ら中に一一〇番指令があれば、真っ先に現場に急行して適切な対応をしなければいけませんが、一一〇番指令を傍受するのは交番内での初動待機中ではなく警ら中にすればいいのです。

ゴンゾウは外に出たくないなら若手をそばに置かず、ゴンゾウ同士で初動待機して、交番に各種届け出があれば、若手を呼ばないで自分で処理すればいいと思います。

警部の地域課長、警視の地域官は交番勤務員の実態を把握して、若手を育てるためにゴンゾウに利用されたり、振り回されないようにしていただきたいと思う次第です。

第5章 あるべき姿に向けて苦言、提言

一　表彰制度について

現場の警察官が犯人を検挙すれば、その功労、功績を称えて表彰することは大切なことです。苦労し、場合によっては危険を背負いながら犯罪を検挙するということは警察官にとって、ある意味、最も重要な仕事と言えます。

現場の警察官は表彰を受けることで仕事への誇りと職場への感謝の念を抱きます。そして、また頑張ろうという思いになります。

しかし、私の体験上、矛盾を感じたことがありますので二点ほど指摘させていただきます。

①　他府県の指名手配犯を逮捕した場合は表彰されない

まず、私が警察官になって初めて、賞誉というレベルの高い表彰を受賞した事例を紹介します。私が二五歳、まだ駆け出し警察官だったころのこと。もう四十年近くも前になりますが高校野球の全国大会で優勝し、一躍有名になった池田高校のある池田警察署で勤務していた時のことでした。

朝、警察署に出勤すると、刑事課長が暗い顔をして「強姦致傷事件が起きた」と署員に告げました。刑事課の部屋には右腕にギブスをした若い女性が座っていました。被害女性です。

被害女性は前日の夕方、職場から自転車で帰宅中、後方から走ってきた白色の車に進路をふさがれ、降りてきた男に草むらに引き込まれて被害にあったということでした。

直ちに捜査本部が開設され、私は現場周辺の聞き込みと車の発見に努めるようにとの命を受けました。幸いに被害女性は車の四桁のナンバーを記憶しており、六一五七だということでした。

私は私服で自分のオートバイで警察署から約五キロ離れた現場に向かいました。頭の中で「六一五七、六一五七」と唱えながら。そうしたところ、左にカーブする狭い道路ですれ違った白色の車が六一五七だったのです。一瞬目を疑いましたが、直ちにＵターンしましたが、追跡しているとは気付かれないように尾行したのです。

当時は無線機の数も少なく、受令機と言って他者の無線の声を聴くことしかできない機器しか持っていなかったので尾行中に連絡もできず、その車は他県ナンバーだったので何十キロも離れたところまで走っていかれたらどうしようと不安を感じたのですが、幸いにもその車は警察署の近くの幼稚園に入ったのです。何か届け物でもあったようでした。

私は敷地の出入り口で六一五七の車を待ちました。そして、出口に向かって走ってきた。私は急いでオートバイで出口を塞いで車を止め、降車して運転席に駆け寄りました。

運転席には二五歳くらいの男。右目の下にはひっかき傷。私は急いでエンジンキーを切り、男に「私は警察官だ。聞きたいことがあるので警察署に来てもらうぞ」と言って男を降車させ、歩いて警察署まで連れて行きました。

そして、刑事課の部屋へ。取調室で有能な先輩刑事さんと共に自供を促したところ、「私がやりました」と犯行を素直に認め、その男を強姦致傷の被疑者として緊急逮捕しました。四〇年近く前のこと。今、思い出してもこんな奇跡的なことが起こるものかと感慨深いものがあります。

私は刑事課長から当然ながら感謝され、本部長から誉れ高い賞誉という表彰を受賞しました。これは警察官なら誰でも当然だと納得する表彰です。

ところがです。広域自動車警ら隊の小隊長兼職務質問指導者として、同じ強姦致傷という凶悪事件の指名手配の犯人を職務質問で逮捕したという事例。

（2章の十一「歩行者への職務質問」参照）

早朝に携帯電話をしながら歩いているだけの若い男を職務質問したところ、強姦致傷の指名手配犯人だったという事例ですが、これは同じ強姦致傷という凶悪事件の犯人、しかも指名手配の被疑者を逮捕したのに表彰はされませんでした。

何故か。それは指名手配をしているのが自県ではなく大阪府警だったからです。すなわち、強姦致傷被疑者の検挙は大阪府警の件数として計上され、徳島県警の件数に計上されない。だから表彰されないということです。

私は他府県の指名手配犯を職務質問で六件ほど逮捕していますが表彰はされませんでした。表彰欲しさで仕事していたわけではありませんが、やはり疑問は持ちました。こういう矛盾があれば、士気の低下につながる恐れがあります。

よって、自県警の件数に計上されないからという理由で自県以外の警察が指名手配している被疑者を逮捕しても表彰しないという制度は改めるべきだと提言させていただきたく思います。

② 凶悪度ではなく貢献度で表彰すべき

ここに初めに紹介するのは私の検挙ではなく、自動車警ら隊の仲間の検挙です。それは午後一〇時ころのこと。通信指令室から、

「現在、妻を自宅で刺し殺したという一一〇番通報あり。現場は〇〇。殺人容疑の夫の氏名は〇〇〇〇。年齢〇〇。これからN警察署に自転車で出頭すると言っている。現場急行せよ」

との一一〇番指令を警ら中のパトカー内で傍受。

傍受した現場から二〇キロ以内のパトカーの警察官、交番の警察官、機動捜査隊の捜査員は当然ながら現場急行しました。そして、たまたま現場近くにいた自動車警ら隊の隊員が自転車でN警察署方向に走行している男を発見して呼び止め、職務質問したところ、妻を刺し殺したと自ら一一〇番通報した男であることが判明し、殺人の被疑者として緊急逮捕したのです。

警察署に出頭中の殺人犯人であったとしても、自動車警ら隊員は早期に被疑者を発見し、逮捕したのですから讃えられて当然。警察組織では非常に貢献度の高い仕事を成し遂げた警察官に与えられる賞誉という名誉ある表彰を受賞しました。自ら一一〇番し、自転車で出頭中の殺人犯であったとしても早期に発見して逮捕しているのだから、ある意味当然のことです。

しかし、この事例とは対極にある事例を紹介したいと思います。これは1章の五に記載している私の体験談ですが、もう一度記させていただきます。

午後一一時ころのことでした。パトカーで歓楽街を警らしていたところ、憎しみの表情を浮かべて歩いている五十歳くらい、作業員風の男を発見しました。何か違和感のようなものを感じたので、助手席の私は運転していた後輩に「あの男の人、止めよう」と指示して近くにパトカーを止め、降車して男に駆け寄り、「おじさん、ごめんな。僕ら危険物の取り締まりをしてるんよ。ちょっと確認させてな」等と言って同意を得、最初に上着の上から胸のあたりを触ったところ、内側に何か固いものが入っているのがわかったのです。「おじさん、これ何。出してみて」と言ったところ、男は右手で上着の内側に入れていた物を取り出したのです。それは刃体の長さ一五センチくらいの包丁でした。私は即座に包丁を取り上げ、「何で包丁持ってんの?」と質問したところ、

「スナックに気に入らない奴がいるから、これから殺しに行くところだった」

と供述したのです。私は男に「銃刀法違反で現行犯逮捕する」と告げてその場で逮捕しました。

この事例。もし、深夜の歓楽街を歩いているだけの男に職務質問していなければ一分後には殺人事件が起こっていた可能性大。殺人事件を直前に防止し、銃刀法違反で現行犯逮捕したということです。凶悪事件を未然に防ぎ、被害者が出ないようにする。これほどの貢献があるだろうかと思います。

しかし、この一件は銃刀法違反の検挙だということで自転車窃盗を検挙したのと同程度の評価であり、先の事例の賞誉というレベルの高い表彰と比較すればささやかな表彰しか出なかったのです。

先の事例は殺人事件が発生してからの逮捕ですが、この事例は殺人事件が発生する直前での逮捕。誰が見ても貢献度は後者です。治安を守るために前向きに働いている警察官は

決して表彰が欲しくて仕事をしているわけではありませんが、こういった矛盾は、やはり士気の低下につながるおそれがあるのではないでしょうか。

さらに、前者のような「おいしい一一〇番にありつきたい」といった低次元の意識を引き出すことになりかねない。心苦しいですが、苦言を呈したいと思います。

③　重大事件の逮捕につなげても端緒が別件なら評価が低いのは疑問

2章の六、待ち伏せ作戦の事例三で紹介させていただいた事例。

深夜に逃走した普通乗用自動車車両を命がけで追跡し、トラックに行く手を阻まれて動けなくなったところで運転者に職務質問したところ、飲酒していたことから酒気帯び運転で現行犯逮捕。

運転していた普通乗用自動車の所有者について質問したところ、「知らない」と供述。その数分後に被害者からの届け出によってコンビニの駐車場で盗んだばかりだったことが判明。自動車窃盗については捜査員（刑事）が緊急逮捕した。

この事例は私と相勤者が命がけで逮捕したが、逮捕は別件の酒気帯び運転であったことから地域課長賞はもらえたのですが、刑事部長賞はもらえませんでした。

自動車窃盗を逮捕すれば刑事部長賞が出るのは当然なのですが、逮捕したのが別件の酒気帯び運転だったがゆえに刑事部長賞が出ないというのは、やはり疑問に思えました。

その時の相勤者は若手の自動車警ら隊員であり、若手に「自動車窃盗検挙の功により」という表現でもいいし、「自動車窃盗検挙に貢献した功により」という表現で刑事部長賞を出せば、若手は組織に感謝するとともに頑張ろうという気にもなると思います。

ですから、逮捕が別件であったとしても重要事件の逮捕に至った場合は、その貢献度を称えて表彰するべきではないかと思いますので提言させていただきます。

もう一件、同様の事例を紹介させていただきます。

2章の十二に記載しました事例。

午前四時三〇分ころ、無銭飲食の被疑者を現行犯逮捕して警察署に連行中、一週間前に発生した強盗殺人未遂事件の犯人であることを自ら自供したので凶悪犯である強盗殺人未遂被疑者として通常逮捕に至りました。

これは強盗殺人未遂事件の逮捕手続きをしたのは捜査員であったことから捜査員が賞誉

という誉れの高い表彰をもらったのですが、最初に現場到着して逮捕した私は無銭飲食の被疑者を逮捕しただけで強盗殺人未遂事件の逮捕とは関係ないと見做され、自転車窃盗を検挙した程度の評価しかされませんでした。

二　自動車検問は運転席側から停止するべき

二〇〇八年ころだったと記憶しているのですが、上層部から自動車検問は助手席側から停止せよとの指示命令が発せられました。警察学校の教官も自動車検問は助手席側から停止するよう厳格に指導するようになりました。それまでは自動車検問は運転席側から停車させるように指導していたのですが……。

かつて自動車検問は運転席側から止めていました。運転席側から止めるということは道路の真ん中に出なければなりません。道路の真ん中に出て、右手に持った停止灯を大きく左右に振り、車がある程度、接近してきたところで停止灯を運転者の目の前に差し出して停車させていました。私は自動車検問をよくやりました。自動車検問でどれほどの悪質交通違反や様々な犯罪を暴いて逮捕、検挙してきたことか。

しかし、二〇〇八年ころ、警察幹部からの指示で助手席側から停止しなければならないということになりました。助手席側から停止するということは、道路の真ん中に出ず、道路の端（歩道や路側帯）から停止灯を差し出して停車させるということです。

指示では助手席側から停止させ、運転者に助手席の窓を開けてもらい、助手席側から免許証の提示を求めたり、職務質問するようにということです。

さすがに助手席側から職務質問はできないと考えた上層部の方たちは助手席側から停止させれば、停止車両の後方から回って運転席に行き、職務質問するようにと指示しました。

なぜ、助手席側から停止するようになったのか。それは道路の真ん中に出て停止させようとすれば、対向車輌にはねられたり、停止させようとした車に突っ込んでこられたら大惨事になるからということです。

しかしです。助手席側から停止させて、まともな職務質問ができるでしょうか。それは残念ながらNOです。助手席の窓を開けてもらって職務質問。運転者は窓を開けないかもしれない。飲酒運転していても距離が離れているから見破るのが困難。免許証の提示を求めても距離が離れすぎ。逃走される恐れも高くなる。

さらに、運転席に近付くために車の後方から回るということは、目を離すことになるから薬物や凶器を所持していたら破棄したり、隠したりする時間を与えてしまう。

後方から回るということは車を横切るということなので逃走等のために突然バックしてきたら命にかかわることになります。このように助手席側から停止させるということはマイナス面が多いのです。

二〇〇八年ころまで私は若い隊員や若手交番員等といっしょに運転席側から停止させる自動車検問をよくしていましたし、パトカー勤務員ややる気のある交番員は自動車検問をよくやっていましたが、そのころから誰も自動車検問をやらなくなってきました。

こんなことがありました。二〇一六年の一二月でした。休みの日の朝、テレビをつけると警察学校で学生として訓練している大阪府警の女性警察官の特集番組をしていました。被害者に寄り添うことのできる刑事になりたいと語っていました。

「よく頑張ってるなあ」と感心していたところ、勤務中に殉職したお父さんの志を継ぎたいとのコメントがあり、注視していたところ、お父さんは一年半前に交通取締り中に逃走する車にはねられて殉職した交番勤務の巡査部長だったとのこと。

二〇一五年に発生した交番の巡査部長の交通死亡事故は、私が定年退職する最後の年の悲しい事故でした。激しい憤りも覚えました。その事故は当時、テレビの映像でも流されました。

巡査部長は通行禁止違反の普通乗用自動車を停止灯で停止させようとしました。道路の端、すなわち路側帯から車の助手席側に停止灯を差し出して停車させようとしたところ、車は手前五メートルくらいのところで急停車したのです。

巡査部長は「手前で停車するということは何かある。怪しい。早急に職務質問しなければ」と直感したのでしょう。

正義感が強いがゆえに車の前から早く運転席に近付こうとして車の前を横切ろうとしたのです。そうしたところ、車は逃走のため急発進し、車の前を横切ろうとした巡査部長をはね、そのまま猛スピードで逃走しました。

その道路は結構広い中央分離帯もあり、巡査部長が中央分離帯から運転席側に停止灯を差し出して停車させようとしていたら、五メートル手前で急停車した車の運転席に駆け寄

ろうとしても はねられて殉職することはなかった。

逃走されたらナンバー、車種、車体色、特徴、乗車していた者の特徴等を無線機で手配すれば組織捜査で検挙できていたのではないでしょうか。

現実にこのような事例があり、道路端の路側帯や歩道から停車させるのはかえって危険とも言えるのです。よって、道路事情や交通量等を考慮して検問場所を考える必要はありますが、一様に助手席側から停止するのではなく、運転席側から停車させる方を基本にして、幹部は現場の警察官を信頼して、事故防止と検挙が両立するように臨機応変な自動車検問をするよう指示してほしいと思います。

三　交番内では脱帽すべき

警察の内部規定では「交番内は屋外とみなす」とされており、内部規定に従うと交番の事務所では制帽をかぶらなければならないということになります。

一年に一回程度、私用で東京に行くことがありますが、東京都内、すなわち警視庁の交番勤務員は厳格に規定を守って交番内で厳密に制帽をかぶっているのがわかります。

確かに東京都内の交番の多くは狭くて、交番内で椅子に腰かけていても目の前を多数の人々が歩いて通行するといった状態なので、制帽をかぶる必要はあると思うのですが、地方の交番で勤務したことのある私に言わせれば、交番内で制帽をかぶるのはちょっと待って欲しいと感じます。

地方の交番の事務所は畳十畳くらいの広さがあり、目の前の通行人との距離も結構あるので通行している市民から見ても制帽をかぶっていなくても違和感はないのではないでしょうか。

また、交番勤務は勤務日誌、捜査報告書等の書類を作成する時間がかなりあり、縁の固い制帽をかぶったままでの書類作成は疲れるし、ミスも多くなるのではないでしょうか。

そして、最大の問題点は何か。それは事故防止です。二〇一八年六月二六日には富山県で交番が男に襲撃され、交番署長の警部補が刃物で刺されて死亡。男は拳銃を奪い一般の警備員を奪った拳銃で撃ち殺した。他にも交番が襲撃される事件は散見されます。そうです。交番の来訪者は善良な人ばかりではありません。いつ、どこの交番が襲撃されるかわかりません。

何を言いたいのか。それは交番内の事務所で制帽をかぶったまま下を向いて書類作成すれば制帽のひさしで前方が見えにくくなり、危険な人物が交番の入り口に近付いても気付きにくく、さらに交番に突入されたら気付くのが遅れて致命傷を負う可能性が高まるということです。

このような理由から、交番内では帽子は脱いでおいた方がいいと思います。特に書類作成時は受傷事故防止上の観点から帽子を脱ぐべきです。一考してもらえればと思います。

私が新人の交番勤務員に対して、「交番の中で帽子なんか脱いどけや」と言ったところ、彼は「いや、かぶらなければいけません」と言って従いませんでした。

彼が交番内で制帽をかぶり続けようとするのは使命感からではなく、見回りに来る課長に減点されたくないという理由であることは明かです。その彼に「いっしょに自動車検問しようや」と誘ったところ、「けっこうです」と断られました。（笑）

東京都内中心地の交番のように狭くて、目の前を多数の通行人が通行するという条件の中で書類作成をしていない時なら着帽は致し方ないところもありますが、地方の室内の広い交番なら制帽は脱いでいた方が合理的であり、事故防止にもつながります。

四　地域警察官はマスクをするのは風邪ひきの時だけにしよう

私は警察を退職してから四年になろうとしていますが、街をオートバイや自転車で走っている時にパトカーとすれ違う時が当然あります。

その時は「誰が乗っているのかなあ」とか「どんな若手が乗っているのかなあ」と運転している警察官と助手席の警察官を見てしまいますが、昨今、マスクをして運転席、助手席に乗っている地域警察官が目立って多くなってきていると感じます。

パトカーだけではなく、交番の警察官もマスクをしてオートバイに乗っているところも、ときどき見かけます。仕事の内容によってはマスクをしてもやむを得ない場合も当然あると思いますが、パトカー乗務員がしょっちゅうマスクをするのはいかがかと思います。

マスクをする理由は容易にわかります。顔を隠したいからですね。なぜ、顔を隠したいか。警察官は仕事上トラブルに巻き込まれることもあり、また、文句も言われることもある。

また、制服なので目立つから、些細なことで苦情を言ってこられる恐れもある。だから顔を覚えられたくないという意識がはたらいているのでしょう。

もちろん、風邪をひいている時はマスクをするのは当然ですが、地域警察官のマスク着用率は風邪ひき率の十倍くらいですね。地域警察官はマスクなどせずに堂々と仕事をしてもらいたいと思う次第です。地域課の幹部は勤務中、風邪をひいている時以外はマスクをしないよう指導していただきたく思います。

五　地域課長は制服で巡視すべし

前記マスクの件は、交番、駐在所の巡視に行く地域課長にも言えます。地域課長は交番と駐在所の勤務員が交番内でキッチリと制服制帽を着用しているかどうか、勤務を適切にしているかどうか、装備品は適切に配置しているかどうか、勤務日誌を的確に記載しているかどうか等を確認し、指導するために、見回る、警察用語で巡視するのが仕事の一つです。

地域課長は制服勤務が基本であり、警察署内では制服で勤務しています。しかし、交番、駐在所を巡視する際、制服勤務なのに制服の上にジャンパー等を羽織り、パトカーではない一般普通乗用車を運転して巡視している地域課長がけっこういます。

もちろん、全てではありませんが。なぜ、制服の上にジャンパーを羽織って一般車両なのか。そうすれば外に出ても通行人から警察官と気付かれないからです。なぜ、警察官と気付かれたくないのか。制服で外に出るとリスクが伴うからです。

もちろん、堂々と制服でパトカーやオートバイで巡視している地域課長もいますが、ほとんどは五十代のベテラン地域課長。三十代、四十代の若手地域課長の方が私服で巡視している確率は高い。警察本部地域課長や警察署の副署長、次長等は私服で巡視している地域課長には注意を促してほしいと思うところです。

六　パトカー運転席、助手席は半々で

私は警察人生の後半は職務質問指導者として、ほぼパトカー勤務で三十代、四十代の後輩中堅巡査部長とペアを組みました。その中で後輩中堅巡査部長からよく言われたのが、「私が運転します」「運転は私に任せてください」「先輩に運転させるわけにはいきません」等々。

私は当初、それら複数の後輩巡査部長は先輩の私に対する礼節として自分が運転しようとしているのかなあと解釈し、後輩にずっと運転させていました。

しかし、徐々に彼らが運転したがる理由がわかってきました。運転する一人の四〇代の巡査部長に「たまには私にも運転させてくれよな」と言ったところ、彼は「ハイ」ではなく「ハア」と言って、運転を代わってくれました。

久しぶりの運転だったのですが、約五〇〇メートル走行した国道の信号交差点で停止線をはるかに超えて停車した普通乗用自動車を見つけたのです。運転状態がおかしいと感じ

たので、私は助手席の後輩巡査部長に「あの車止めようや」と命じました。後輩巡査部長は車載マイクでその車に対して「左に寄って止まってください」と呼びかけたところ、なんと逃走しだしたのです。

赤色回転灯を点灯し、サイレンを鳴らして追跡。後輩巡査部長は「前の車、止まってくれますか」と何度も呼びかけたが応じず、低速で逃走。しかし、二キロくらい走ったところで諦めたようで道路の左端に寄せて停車しました。

私たちは急いで降車して運転席に駆け寄ったところ、運転席には中年の女性が乗車していました。当然、その人が運転していたのです。

職務質問したところ、吐く息からはアルコール臭がしていたことから飲酒運転だと判明したので呼気検査をしたところ、基準値を超えていたので、酒気帯び運転と認め、任意の切符処理で検挙しました。

ご家族に連絡し、車両と女性を引き渡して終了。私はパトカーの運転席に乗り込み「今度は大泥棒を捕まえるぞ」とハンドルを握ったところ、外にいた後輩巡査部長が運転席に近付いてきたのです。「どうしたのだろう」と窓を開けて彼に「どうした」と言ったとこ

ろ、彼は、

「あの～。私、助手席に乗ったら眠たくなるので運転させてください」

人のいい？　私は運転を代わってやりましたが、先輩を立てて運転する中堅巡査部長の目論見がわかりました。

　他にも四十代の後輩巡査部長から、

「私はこのように太っていて素早く動けないから運転させてください」

なんて言われたこともあります。

　こんなこともありました。午後一一時ころのこと、運転したがる四十代巡査部長と歓楽街周辺を警ら中、通信指令室から、

「男同士が自転車を蹴った蹴ってないでもめている。場所は○○」

との一一○番指令がありました。現場は四○○メートルくらい離れた場所でした。私は何もないところから職務質問で犯人を検挙するのが仕事。もちろん喧嘩なら現場急行しますが、もめごとなら、初動待機している交番員に行ってもらったらいいと思ったので、運転の巡査部長に、

「この程度のもめごとなら交番に行ってもらおう」

と言ったところ、彼は少々怒って、

「何言ってるんですか。喧嘩になっていたらどうするんですか。行かなければいけないですよ」

と強い口調で私に言いました。

まさに正論。私は「じゃあ行け」と言って、彼は現場に急行しました。人通りの多い現場に着いたところ、見渡しても喧嘩やもめごとは誰もしていません。私たちは通行していた中年の女性に、

「この付近で男の人が喧嘩してませんでしたか？」

と聞いたところ、女性は、

「ついさっき、男の人同士が何か言い合いしてましたが、すぐに和解して別れましたよ。お互いに手は出してませんでした」

と教えてくれました。

やはり、暴力事案ではないことがはっきりしました。よって、その旨、本部通信指令室

に報告して警ら《けいら》に移行しました。私は少々、いつも運転する巡査部長に少々腹立ちましたので運転中の彼に、

「おまえ、そんなに正義感が強いのだったら助手席に乗れ。助手席なら先に行けるぞ」

と言ったところ、彼は私に対して

「宇野班長（私）は職務質問の指導官なんだから先に行くのが当然でしょう」

なんて言われたことも思い出深く記憶に残っています。

この一件と正反対の事例を紹介します。これも運転したがる四十代巡査部長の話。午前○時ころ、歓楽街周辺をパトカーで警ら中、

「○○町交差点南側で男同士が殴り合いの喧嘩している。現場急行せよ」

との一一○番指令がありました。現場は約四○○メートル前方。そうしたところ、運転していた巡査部長はチッとつぶやいた後、助手席の私に、

「体かわしましょうか」

と言ったのです。

どういう意味か。このまま真っすぐ進んだら危険な喧嘩の現場にたどり着くので、右折

して一旦は遠くに離れて、交番等の警察官が現場に到着したとの無線が入ってから現場に行きましょうと言うことなのです。私は怒って彼に言いました。

「何言いよんや。行け！」

彼はハアーッとつぶやき、嫌々ながら現場急行。現場臨場したところ、やくざ風の男が、路上に仰向けに倒れている男の人の顔面をストンピングしている。倒れている人の顔面は血だらけ。

私はパトカーの助手席から飛び降りて駆け寄り、ストンピングしている男にタックルして倒し、手錠を入れてから「傷害の現行犯で逮捕する」と告げて逮捕しました。

運転の巡査部長はパトカーを道路端の安全な場所に駐車してから逮捕現場に来ました。この男は暴力団組員でした。踏みつけられていた男性は重症でしたが命には別状ありませんでした。しかし、この事件。私共が体をかわして、現場到着が遅れていたら、倒れていた男性は致命傷を負っていた可能性もあります。

運転席で「体かわしましょうか」と言ったこの巡査部長は、先に記載した「あの〜私、助手席に乗ったら眠たくなるので運転させてください」と言った巡査部長です。

この重症の傷害事件の現行犯逮捕。被疑者は暴力団組員だったことから組織犯罪対策課長賞という表彰を受賞しましたが、体をかわそうとした巡査部長もちゃんと受賞しました。

けっこうな数の中堅のパトカー乗務員中には、

「パトカーの助手席なら喧嘩やもめごとの現場でも交通違反の取り締まりでも不審者に対する職務質問でも先に降りてゆかなければならない。先に行く人が最もリスクを背負う。だから、ずっと運転していたい」

こういった意識がけっこう蔓延していると見ます。

もちろん、運転席・助手席、関係なく、犯人を捕まえるために目を光らせて警ら活動している巡査部長もいますが、警察幹部はこのような現状もあることを認識し、パトカーの運転を手放さない中堅巡査部長、中には巡査長や警部補もいますが、そういった中堅、ベテラン地域警察官の実態把握に努め、改めるべく注意していただきたいと思う次第です。

七　交番、駐在所勤務に誇りを持て

先日、テレビで吉本新喜劇を見ていると、田舎の駐在所に赴任した警察官が主人公という設定で物語が始まりました。警察本部の刑事から田舎の駐在所に赴任した若手警察官が幹部から「駐在所に飛ばされるとは、お前何か失敗しでかしたのか」と言われ、「ミスをしでかしまして」と答える。

そして、住民からも「あなたのようなエリートが全く事件のない田舎の駐在所に来るとは」なんて言われるシーンがありました。世間一般からもそのように思われているのかと、ちょっと残念な気持ちになりました。

私は駐在所勤務を四年、交番勤務は九年の経験があります。私は駐在所、交番勤務に誇りを持って仕事をしてきました。受け持ち区があり、受け持ち区には千人を超える住民が生活しておられ、受け持ち区の住民の命と財産と生活を守る仕事です。当然、守るのは受け持ち区の住民だけではありませんが主にという意味です。

そして、受け持ち区を巡回連絡と言って一軒一軒訪問して直接住民と接触し、困りごとの相談を受けたり、不審者情報を得たりします。その中から犯罪の検挙に至る場合もあります。

また、受け持ち区を中心に隅から隅までパトロールして不審者を発見すれば職務質問します。

他にも朝夕の通学時間帯に子供たちの安全のために交通整理に従事したり、様々な機会を通して子供たちに交通安全講話をしたり、ご老人たちに振り込め詐欺の被害に遭わないように講習をしたり、広報紙を作成して各家庭に配ったりすることは山ほどあり、直接住民と接しながら、住民が事件事故の被害に遭わないように制服を着て現場で活動する。警察官として、これほど重要な仕事があるだろうかと思えるほど貴重な仕事です。

しかし、一部でしょうが世間一般で駐在所や交番は左遷された警察官が行くところという感性があるように、警察内部でもやはり、その感性は残念ながらあります。

駐在所、交番のベテラン警察官の中には自分は出世もできなかったし、内勤（刑事課、警備課、交通課、生活安全課、警務課等）に入れなかった、あるいは内勤から出されて交番、駐在所勤務になってしまった。

だから、後は定年退職まで可もなく不可もなく上手に生きてゆこうと使命感や責任感を失って、あるいは希薄になって仕事をしているベテラン地域警察官がけっこういるのが現実です。

そして、若手警察官の中には駐在所、交番で働く巡査の地域警察官は見下げられているから、早く内勤に入りたい、早く昇任したいといった意識がけっこう強くあります。

地域警察の重要性を知り、誇りと使命感を持っていた私にとっては非常に残念な現実が根深く残っているように思えてなりません。交番、駐在所は左遷で見下げるといった感性は警察から一掃するべきです。交番、駐在所勤務の地域警察官には自信と誇りを取り戻してほしいと思います。

もちろん、全てではなく、交番、駐在所で誇りと使命感をもって懸命に仕事をされている警察官もいます。誇りと使命感を持って取り組まれている駐在所、交番の地域警察官には大変失礼なことを言ってしまいました。お許しください。

八　勤務日誌について一考

交番、駐在所、パトカー勤務の地域警察官は勤務日誌を書かなければならないと内部規定で定められています。内勤といわれる刑事課、交通課、生活安全課、警備課、警務課に属する警察官は勤務日誌を書かなくていい。もしくは、書かなければならないとしても地域課の現場警察官とは比較にならないほど簡略化されたものです。

地域警察官はその日の勤務計画があって何時から何時までは警戒勤務、何時から何時までは巡回連絡、何時から何時までは警ら活動と主に三パターンあり、勤務計画に沿って活動しなければならないように定められています。そして、勤務日誌には、

・どこでどんな事件事故を取り扱い、どのような処理をしたのか。
・どんな取締まりをして、どんな事件を扱ったのか。
・どんな拾得届があったのか。
・どんな相談があったのか。
・何時から何時までパトロールして、その間、何を取扱い、どんな検挙をしたのか。

等々を勤務日誌に書かなければならない。時には過去の事件や事故の取扱い状況等が必要になるときもあるので勤務日誌は必要です。しかし、あまりにも無駄、不合理な点があります。

ある地域課の幹部などは交番の地域警察官に、

「勤務日誌は手書きで丁寧に詳しく書け」

と指示命令しました。このパソコンが普及している時代に何ということを言うのだろうかと思いました。

そうです。勤務日誌の無駄と不合理とは、あまりにも時間を費やしすぎるということです。取扱った事案を勤務日誌に手書きで詳しく書けば、忙しければ忙しいほど勤務日誌に膨大な時間を費やすことになってしまいます。

勤務日誌は捜査書類ではないので、さほど重要な書類ではありません。わかればいい程度の書類。それを丁寧な字で詳しく書くなんて時間があったら外に出て治安を守るためにパトロールしたらどうだと言いたくなります。ですから勤務日誌はパソコンでさっさと書いたらいいだけの話。

逆に警ら中に取扱った事案の内容を詳しく書いたら、一人の地域課長から「情報公開制度があるんだ。書き直せ」と言われたことがあります。一方では詳しく書け。一方では情報公開制度があるから詳しく書くな。大阪弁なら「どっちやねん」となりますね。

結論として勤務日誌は必要ではありますが、重要書類ではないのでパソコンで素早く書いて印刷すればいい。パソコンの苦手な人なら手書きで字が汚くても速記すればいい。

そして、勤務日誌の字が綺麗か汚いかなど意味のないことに時間を費やさず、外に出て警らする時間を大切にする。あるいは、深夜の警らのために休憩すべき時は休憩する。無駄を少なくして時間を大切にすべきではないでしょうか。

九　自動車警ら隊の任務は職務質問による検挙と心得よ

自動車警ら隊という部署の使命は職務質問で犯罪を検挙することにあります。しかし、こういう現実に一石を投じなければと思い、記させていただきます。先に運転をしたがるベテラン巡査部長の話をしました。

彼らは先に行きたくないから運転したがる。しかし、犯罪の検挙を求められる職務質問の専門部隊に所属しているから何とか検挙したい。そのためにはどうするか。一人の巡査部長の仕事ぶりについて記させていただきます。

会社の事務所や飲食店等が警備会社に警備を委託している場合がありますが、警備会社は委託された会社の事務所内等に警報装置たるセンサーを設置します。就勤後、誰もいない事務所等に窃盗犯が侵入すると室内での人の動きをセンサーが察知して、即、警備会社の事務所に知らされるというものです。

それを侵入警報と言いますが、侵入警報があった場合、即、警察本部にも連絡があり、連絡を受けた警察本部通信指令室は直ちに無線で無線機を持っている全県下の警察官に「侵入警報、侵入警報。場所は○○。現場急行せよ」と発令します。

侵入警報による指令を受ければ、機動捜査隊の隊員、自動車警ら隊の隊員、受け持ち区のパトカー勤務員、交番員は当然、現場に急行し、侵入している犯人を逮捕しようとします。

これは警察官として当然の話ですが、ある巡査部長は侵入警報で一番に現場臨場して侵入窃盗犯人を現行犯逮捕して、大きな評価を得るという体験をしたことがあるのです。

それはそれで大したものですが、彼は職務質問専門部隊の自動車警ら隊の巡査部長でありながら、職務質問はせずに犯人検挙のためには、侵入警報を一番に考え、侵入警報でなくても、ひったくりが発生して犯人が逃走したとか、空き巣の犯人が逃走したとかの一一〇番を気長に待ち、通信指令室から一一〇番指令が発令されたら必死で現場急行して犯人を捕まえようとするといった仕事ぶりでした。

彼は事件が発生したら一番に現場臨場できるように、事務所内で県内の各種事件の発生状況を資料で分析して頭に入れます。

事件の発生状況を把握することはいいことではありますが、なかなか警らに出ようとせず、分析ばかりをして長時間事務所で待機するのです。

ようやく、警らに出発すると発生した空き巣や事務所荒らし等の現場に赴いて確認したり、事件が連続発生している地域の近辺の人通りの少ない道路でパトカーをゆっくり走らせて、事件の発生を待つといった仕事ぶりでした。

彼も運転したがる巡査部長でしたが、それはさせまいと運転は半々に交代すると命じて私が運転し、彼が助手席に乗車して警ら中、深夜に自転車を運転している不審な人物を発見したので、彼に「あの自転車止めよう」と指示したところ、彼は、

「ライトも付けているし違反もしてないのに止めるわけにはいきません」

と拒否。

彼はただただ、事件の発生を待ち、一一〇番で捕まえることしか考えていない。犯罪を検挙するためには何でもやろうとした私とは正反対の考えを持つ警察官でした。

よく彼のような人物を職務質問専門部隊の自動車警ら隊に配属したものだと首を傾げました。そんな仕事ぶりで犯罪を検挙できるわけがありません。当然ですが、彼は自動車警ら隊から降ろされ、交番勤務に異動したというか、させられました。

職務質問専門部隊の自動車警ら隊に所属する警察官は、犯罪検挙のために一一〇番を期待するのではなく、何もないところから職務質問で犯罪を暴いで検挙するんだという強い誇りと使命感をもって仕事に励んでもらいたいと願う次第です。

十　人に対する尊敬の念を大切に

悪しき大学の体育会系の格言。

「一年は奴隷、二年は人間、三年は天皇、四年は神様」

この格言の意味合いは、部下、後輩は上司、先輩に対して礼節を尽くせ。逆に上司、先輩になったら後輩を奴隷扱いしてもいいと言っているようなものです。

この格言に従うと、奴隷時代を頑張って通り抜ければ、今度はふんぞり返って部下、後輩を奴隷扱いするようになります。この格言を知っていようと知っていまいと、警察だけではありませんが、組織にこういった悪しき体育会系の感性を持ち込んでくる者がいます。非常に残念です。

昨今、警察組織の中でパワハラ、セクハラで処分される者が増えてきているように見えます。最近だと、

・五十代の副署長が取材に訪れた新人新聞記者に九ヵ月間にわたって「頭悪いんか」「お前記者やめろ」などと言ったり、ファイルを机にたたきつけて怒鳴り声を上げるなど、

威圧する行動をとった。
・五十代の警部が他の署員の前で女性署員に「仕事を何でも振ってくるな」と怒鳴り声を上げたり、警察無線機の通話に対して「下手くそ」と繰り返しなじるなどして勤務環境を悪化させた。
・四十代の警部補は「何様のつもりだ」などと複数回怒鳴ったほか、「お茶くらい入れてくれたらいいのに」とセクハラ発言もした。
などとメディアで報道されていました。すべて何らかの処分を受けています。

こういったパワハラ、セクハラの原因は、すべてではないにせよ悪しき体育会系の感性ではないでしょうか。おそらく、パワハラ、セクハラをする上司、先輩は自分が部下、後輩だった時に同じようにパワハラ等を受けていたのでしょう。

厳しい指導が必要な場合もありますが、力関係で相手が弱いと見れば居丈高になって必要のないイジメをしてしまう傾向があります。

自分がされて嫌だったことを人にはしない人こそ強い人です。自分自身に問いかけ、相手が弱いと見れば居丈高になってしまうことは人間として恥ずかしいことだということを自覚し、戒めましょう。

もう一つ言いたいことは、この悪しき体育会系の感性では職務質問はできないということです。不良少年でも、言葉にしたくはありませんが浮浪者でも前科者でも罪を犯してしまった人でも、決して見下げてはいけません。

職務質問は対話力の勝負です。相手を見下げてしまったら反発心を呼び起こし、まともな対話はできず、結果、職務質問は失敗に終わります。それどころか、クレームをつけられて大変な目に遭わされる可能性もあります。

職務質問は相手が誰であろうと尊敬の念を常に持っておくことが大切です。人間の心には闇もありますが良心もあります。人間は罪を犯したとしても、心のどこかで恥じる思いや立ち直りたいという思いを持っているものです。

職務質問は相手の良心に訴えかけ、犯罪を暴くことで一時的には相手に辛い思いをさせるかもしれませんが、その人のその後の人生を救うことにもつながります。人に対する分け隔てのない尊敬の念を持つことは職務質問の精神的支柱です。

十一　管理職は現場の警察官を守ること

階級が警部以上は管理職となります。管理職の主な仕事は組織を守ること。組織を守るということは警察官の不祥事を無くすことです。

しかしながら、昨今、階級に巡査から警視正までパワハラやセクハラどころか犯罪に手を染めてしまう警察官も増加の一途を辿っているように見えます。非常に心配です。

警察官の犯罪を含めて不祥事が発生すると「これをしてはならない、こうしなければならない」と事細かな規則や規律、制度を作って、守らせようとする。そして、規則、規律に少しでも違反すれば処分する。

これをあまりやりすぎると精神的な疲弊がおこり、気力が萎え、逆にやけくそになって、また不祥事をやってしまうということも起こっているように感じます。

失敗や規則違反があったら、叱るべきところは叱りながら、最後は「頑張れよ」と励まして、処分などせずに注意だけで済ませる。こんな人情のある対応も必要なのではないかと思います。

このことを職務質問に当てはめてみますと、警察官職務執行法二条は、「警察官は、異常な挙動その他周囲の事情から合理的に判断して何らかの犯罪を犯し、若しくは犯そうとしていると疑うに足りる相当な理由のある者又は既に行われた犯罪について、若しくは犯罪が行われようとしていることについて知っていると認められる者を停止させて質問することができる。」とあります。そして、憲法三五条には侵入、捜索及び押収を受けることのない権利として、「何人も、その住居、書類及び所持品について、侵入、捜索及び押収を受けることのない権利は、第三十三条の場合を除いては、正当な理由に基づいて発せられ、且つ捜索令状がなければ、侵されない。」と定められています。

しかし、職務質問のプロフェッショナル警察官は、怪しいと直観力で呼び止めて職務質問し、対話力をもって所持品検査をします。そして、凶器類、薬物、特殊開錠用具等を発見しては検挙につなげてゆきます。

一つ間違えば憲法違反、警察官職務執行法違反になってしまう。いうなれば綱渡りの仕事。しかしながら、綱渡りをしている警察官が最大の治安を守っているのです。

職務質問というのは、こんな大矛盾を抱えていると言ってもいいでしょう。矛盾を抱えていても職務質問は直接的に国民の生命、身体、財産を守るため、最も重要な仕事だと断言できます。

現場で働いている警察官には治安を守るために勇気をもって積極的に職務質問をしてもらいたい。しかし、時に人権侵害だと訴えられたり、苦情を言ってこられることも残念ながらあります。

私も何度も体験してきました。しかし、人情と度胸のある上司に助けられたり、逮捕した薬物事件で裁判に出頭しなければならないことがあったのですが、ありのままを語ったところ、裁判官にも相手の弁護士にも納得していただいたこともありました。

ですから言いたいのは、もちろんケースバイケースではありますが、管理職の幹部警察官は、積極的に一生懸命、職務質問をしている現場の警察官の対応や言葉遣いについて、対象者や関係者から心無い苦情を言ってこられた場合、直ちに処分を検討するのでなく、何とか智慧を絞って守ってやるという気概を持って欲しいと願う次第です。

＊　　＊　　＊

私の父は二〇年前に亡くなりましたが、父は第二次世界大戦で日本軍の軍人として飛行機乗りをしていたそうです。父は特攻隊員として出撃する手前で終戦となったそうです。

あの敗戦で父は自分の人生はこれで終わったと思ったそうです。しかし、おふくろの励ましで、電気関係の専門学校に入り、卒業してから四国電力に入社し、家族を支えながら定年まで働きました。

仕事は現場で送電線の設計、施工でした。小中学校の時、父はしょっちゅう出張し、山に登り送電線を作る仕事に携わっていました。その父が私に言ってくれた言葉。

「博幸よ。わしは日本の平和のため人々の幸せのために生きてきた。わしは四国電力で人々に電気を送る仕事をしている。今の時代、電気がなければ人々は幸せにはなれない。わしは人々の幸せのために仕事をしていることに誇りを持っている。おまえも人々の幸せのために働く人間になれよ」

紆余曲折ありましたが、最終的に私は父のこの言葉で警察官の道を選びました。警察官の道を選んだことに全く後悔はありませんし、本当に良かったと思っています。

警察官になって、数えきれないほどの思い出がありますが、最後の一五年間は職務質問の指導者として最後の最後まで人々の幸せのために現場で仕事ができたことを誇りに思っています。

二〇〇〇年ころ、徳島県でも全国でも街頭犯罪がうなぎ上りに増加し、ピークになったころに大阪の職務質問指導者の相良警部から実践指導を受けて地元に帰り、二〇〇三年に創設された広域自動車警ら隊の初代小隊長に任命され、相良警部から教えてもらった職務質問をベースとして、さらに創意工夫しながら仲間と共にやってきました。

その結果、徳島県の街頭犯罪は一五年間で約六分の一まで減少し、その他の凶悪犯罪、侵入窃盗等も激減させることができました。

そして、他県の県警に呼ばれて職務質問の講演をさせてもらったり、他県の県警中堅地域警察官三十人くらいだったでしょうか、本県に来てもらって実践指導もしてきました。

私の職務質問を他県にまで広めることができ、結果、全国的にも街頭犯罪を中心として犯罪は相当減少してきています。

まだまだやり残したことはあったとしても、父の遺言である人々の幸せのために、良き先輩、上司、部下に支えられて警察人生を最後まで歩ませて頂けたこと、心から感謝します。

しかしながら昨今、毎日のように殺人事件が発生しています。その大半は凶器による殺人。大阪ミナミで発生した無差別殺人事件は、いきなり、お二人の通行人を包丁で刺し殺すという残虐極まりない事件。犯人は覚せい剤中毒者でした。

そして、京都アニメーション放火殺人事件。これはガソリンをまいての放火殺人でしたが、青葉容疑者は複数のナイフを携帯していました。また、秋葉原無差別通り魔殺傷事件の被疑者も車で通行人をはねた後、降車してから包丁で殺傷しています。

これらの事件を見てみますと、犯人は殺人のためにナイフ、包丁を使用します。そして、覚せい剤等の薬物中毒が原因で無差別に殺傷するケースもあります。人間の最大の人権たる生命、身体を脅かす犯罪の大半は凶器によるものです。

警察の最大の使命は警察法二条にあります生命、身体の保護です。直接的にそれができるのは職務質問だと断言できます。

全国の警察官の皆さんは、どうか、直観力と勇気と対話力を向上させ、職務質問技能を向上させ、大事件が発生する前の何もないところから職務質問で凶器と薬物の取り締まりをやり続けていただきたい。そして、善良な人々の生命と身体と生活を守り抜いていただきたいと願います。

あとがき（現役時、中学生に行なった講演内容を加筆修正したものです）

一　現在の職業を選んだ理由

先日、テレビを見ていますと、サンダーバードという映画が実写版で上映されていました。

サンダーバードというのは、もう四十年前になるでしょうか。私が幼稚園か小学校低学年のころのテレビ番組で放送されていました。

内容は、イギリスの人形劇で、太平洋の孤島に秘密基地があって、世界の各地に大規模な災害や犯罪があって、人々がピンチに陥った時に、それぞれの災害等に対応した最新鋭のジェット機などの武器で助けに行くというものでした。

私の潜在意識のなかに生命の危険にさらされる人々を助けに行くサンダーバードに対する憧れがあった。それが、今の職業を選んだ一つの理由ではないかと思います。

もう一つ、最近まであまり意識していなかったのですが、ある一つの体験があります。それは私が中学一年だったときのことです。友達と二人で歩いて帰宅中、高校生くらいの不良少年から、目が合ったという理由で因縁をつけられたことがありました。

私は、怖くてびくびくしていましたが、ちょうどその時、偶然、パトカーのサイレンの音がして、その不良少年は「ヤバい」と言って立ち去りました。

そんな体験があるのですが、私の心の深いところで、警察官になって、困っている人、危険な目にあっている人を助けに行きたいという思いが増幅されたのではないかと思います。

もう一つ、私の父に影響されたということがあります。私の父は七年前に亡くなりました。前述したとおり、父は四国電力で四十年勤め上げた人です。主に発電所から家庭に電気を送るための送電線を作る仕事をしていました。

その父は私にこう言いました。

「わしは金儲けのためにに仕事をしているんじゃない。送電線を作って、多くの家庭に電気を送る。電気を送ることによって、多くの人々が幸せな生活を送ることができる。わしは、そのために仕事をしているんだ」

私は父のこの言葉に憧れ、父を尊敬しました。そして、「僕も人のお役に立てる仕事がしたい」と思いました。

これらがすべてではないと思いますが、これらの出来事、そして、私の意識が警察官になった理由です。

二　働く喜びや苦労

私は警察官になって、本当に多くの喜びもあり、苦労もありました。退職後の今も喜びもあり、苦労もあり、それはずっと続いています。

まず喜びですが、いろいろありますが、やはり苦労しながらも犯罪を検挙することは喜びです。

私は広域自動車警ら隊で勤務していましたが、これは多様化する街頭犯罪に対応するために発足し、私はご縁があって、初代の小隊長としてその任につきました。

仕事の内容は受け持ち区域がないパトカー勤務です。そして、徳島県内で起こる犯罪を主に職務質問によって検挙することが求められる仕事です。

多くの犯罪を検挙してきました。先日は高速道路で徳島県内に入ってきた大阪の暴力団組員が運転する車を止めたところ、覚せい剤を打っていたので逮捕しました。

犯罪を検挙することの喜びは何かといいますと、

① 犯罪を検挙することによって、犯罪から善良な市民を守ることができるということ。目には見えないけれど間違いなくお役にたてていると思います。

② 罪を犯し、繰り返してしまう検挙した人たちを救うことができるということ。罪を犯す人々は、誰かが関わらなければ犯罪を繰り返してしまいます。そして、どんどん悪化してゆきます。私は犯罪を繰り返してしまう人たちを救うためにも彼らの前に立ちはだかり、悪化してゆくばかりの彼らの悪行にストップをかけなければならないと思っています。

そして、できるなら彼らと対話し、心から励まし、立ち直るためのご縁になりたいと思っています。

以前、私は罪を犯す人たちを見て、悪いやつだと決めつけてしまっていましたが、多くの罪を犯してしまった人たちと出会う中で、今は、愛されていないから罪を犯してしまったんだなあと思えるようになりました。

私は罪を犯す人たちを検挙しますので、彼らに痛い思いをさせますが、その中で彼らとの一瞬の対話を通し、その人が立ち直れるように精一杯励ましています。

私の気持ちに応えてくれる人もいるし、応えてくれない人もいますが、私は罪を犯した人に対して、その人が立ち直ることを願って対話し、励ますことができることに喜びを感じることができます。

③　仲間と共同して犯罪に立ち向かうこと。

犯罪を検挙してゆくということは、決して一人ではできません。一緒に仕事をしている仲間に支えられ、助け合いながら犯罪を検挙しています。苦労しながらも、仲間と一緒に犯罪に立ち向かうことで、信頼関係が生まれ、一生付き合え、尊敬できる素晴らしい友達ができるということ。これは喜びです。

苦労はいろいろあります。

① 私は三交替制勤務をしています。これは、三日に一回はほとんど徹夜勤務です。それも発生する事件や事故に対応してゆかなければならず、常に事件や事故は発生していますので、ずっと神経を張り巡らせて、入ってくる事件や事故の無線を聞いています。

また、深夜から早朝にかけて、多くの凶悪犯罪が発生しますので、その時間が最も神経を尖らせて、活動しなければならない仕事なので、体調を崩しやすいところがあります。ですから、体調を維持してゆくことが大変だと思っています。

② 犯罪者を職務質問した時、犯罪者は逃走しようとする、証拠を隠そうとする、あるいは抵抗しようとする、時には攻撃してくることもあります。そんな時に、相手の精神状態を読み取りながら、追及し、的確、適正に検挙してゆかねばならないところに苦労があります。

三　適性

適性について

①　正義感が強いこと
②　社会のお役にたちたいという意思、善良な市民を守りたいという意思があること
③　やる気があること
④　対話力が優れていること
⑤　文章作成能力があること
⑥　相手の意識を読み取る力があること
⑦　判断力があること
⑧　職務に必要な法律の知識に精通していること
⑨　体力が優れていること
⑩　車やオートバイの運転技術が優れていること
⑪　協調精神があること

⑫　拳銃の技術が優れていること。

これらのことが挙げられると思いますが、社会のお役にたちたいと気持ちがあれば、徐々に身につけることができます。また、体力については、あったほうがよいのは当たり前ですが、体力や武道に長けていなくても、知力や対話力によって生かすことは充分できますので、普通の体力があれば充分です。

私は、人間は誰でも、その人に適した何かやりたいことがあると確信しています。何かやりたいことというのは決して人を傷つけたり、困らせたりすることではなく、人のお役に立てるということであり、それを通して、自分を高めることのできる何かということです。

それを見つけることは、ある面、難しいことだと思いますが、私自身は、先にお話ししたとおり、幼い時に感じたサンダーバードへの憧れや、父親のことばを受けての感動、そして、パトカーのサイレンの音に助けられたことなどがあって警察官になったのですが、皆さんにも、今までもしくはこれから体験する様々な出来事の中にも、何らかの呼びかけや、その呼びかけに自分が感じる何かがあるということがあると思います。その呼びかけに耳を澄ませ、自分に問いかけ、信頼できる本当に自分のことを思ってくれる人の意見を聞き、本当にしたかったことを見つけてほしいと思います。本当にしたかったことは、苦しくても、つらくても、喜びを感じられるものだと思います。私自身は、警察官になってよかったと思っています。

稚拙な内容ですが最後まで読んでくださり有難うございました。

二〇二〇年二月

宇野博幸

宇野博幸（うの・ひろゆき）

1956年生まれ。1975年、徳島県警察官を拝命。警察人生の大半を地域警察官として、交番、駐在所、自動車警ら隊員として勤務。最後の13年間は職務質問技能指導官として、最後の最後まで現場で働きながら、全国の研修生や後輩警察官を実践指導。講演活動等によって自らが編み出した職務質問技能を伝承した。

『警察公論』（立花書房）にて「実践から伝承へ」を連載。「警察24時」に2回、出演した。

結果を出すための攻める検問・職務質問

2020年4月24日　初版第一刷発行

著　　者　宇野博幸
発 行 者　間　一根
発 行 所　株式会社春吉書房
〒810-0003
福岡市中央区春吉1-7-11
スペースキューブビル6F
電話　092-712-7729
FAX　092-986-1838
装　　丁　佐伯正繁
印刷・製本　モリモト印刷株式会社

価格はカバーに表示。乱丁・落丁本はお取替えいたします。

ISBN978-4-908314-23-0
Printed In Japan